中国法院2024年度案例

国家法官学院　最高人民法院司法案例研究院　/　编

借款担保纠纷

中国法制出版社
CHINA LEGAL PUBLISHING HOUSE

《中国法院2024年度案例》通讯编辑名单

刘晓虹　北京市高级人民法院
王　凯　北京市高级人民法院
张　荷　天津市高级人民法院
徐翠翠　河北省高级人民法院
崔铮亮　山西省高级人民法院
杨智勇　内蒙古自治区高级人民法院
周文政　辽宁省高级人民法院
苏　浩　吉林省高级人民法院
王　妍　黑龙江省高级人民法院
牛晨光　上海市高级人民法院
缪　芳　江苏省高级人民法院
左一凡　江苏省高级人民法院
谷昔伟　江苏省南通市中级人民法院
宋婉龄　江苏省无锡市中级人民法院
杨　治　浙江省高级人民法院
蒋　莹　浙江省高级人民法院
刘伟玲　安徽省高级人民法院
林冬颖　福建省高级人民法院
李智芹　江西省高级人民法院
李　宁　山东省高级人民法院
张　琦　河南省高级人民法院
宋淼军　湖北省高级人民法院
黄　娅　湖北省宜昌市中级人民法院
唐　竞　湖南省高级人民法院
李　雪　广东省高级人民法院
邹尚忠　广西壮族自治区高级人民法院
韦丹萍　广西壮族自治区高级人民法院
黄文楠　海南省高级人民法院
吴　小　重庆市高级人民法院
任　梦　四川省高级人民法院
杨俊杰　云南省高级人民法院
赵鸿章　云南省昆明市中级人民法院
颜　源　贵州省高级人民法院
戚　雷　贵州省贵阳市中级人民法院
王丽萍　西藏自治区高级人民法院
郑亚非　陕西省高级人民法院
张旦旦　甘肃省高级人民法院
王　晶　青海省高级人民法院
康　莹　宁夏回族自治区高级人民法院
石孝能　新疆维吾尔自治区高级人民法院
洪超胜　新疆维吾尔自治区高级人民法院生产建设兵团分院

序

党的二十大擘画了全面建成社会主义现代化强国、以中国式现代化全面推进中华民族伟大复兴的宏伟蓝图，强调全面依法治国是国家治理的一场深刻革命，必须更好发挥法治固根本、稳预期、利长远的保障作用，在法治轨道上全面建设社会主义现代化国家。为落实习近平总书记“一个案例胜过一打文件”的重要指示精神，人民法院始终把完善中国特色案例制度，加强司法案例研究作为推进全面依法治国、支撑和服务中国式现代化的重要途径，通过发布具有普遍指导意义的典型案例，统一法律适用、提高审判质效，提升司法公信力，努力让人民群众在每一个司法案件中感受到公平正义。为更好满足社会各界和人民群众多元化司法需求，把习近平法治思想落实到人民法院审判工作全过程各方面，人民法院案例库于2024年2月27日正式上线并向社会开放，这是进一步完善中国特色案例制度的重要举措，是最高人民法院推出的新的“公共法律服务产品”。

“中国法院年度案例系列”丛书以及时记录人民法院司法审判工作新发展、新成就为己任，通过总结提炼典型案例的裁判规则、裁判方法和裁判理念，发挥案例鲜活生动、针对性强的优势，以案释法，以点带面，有针对性地阐释法律条文和立法精神，促进社会公众通过案例更加方便地学习法律，领悟法治精神，发挥司法规范、指导、评价、引领的重要作用，大力弘扬社会主义核心价值观，积极服务人民法院案例库建设，加强案例库案例研究，促进统一法律适用、提升审判质效，丰富实践法学研究，增强全民法治意识和法治素养，展现新时代我国法治建设新成就。

“中国法院年度案例系列”丛书自2012年编辑出版以来，已连续出版13年，受到读者广泛好评。为更加全面地反映我国司法审判执行工作的发展进程，顺应审判执行实践需要，响应读者需求，丛书于2014年度新增金融纠纷、行政纠纷、刑事案例3个分册，2015年度将刑事案例调整为刑法总则案例、刑法分则案例2个分册，2016年度新增知识产权纠纷分册，2017年度新增执行案例分册，2018年度将刑事案例扩充为4个分册，2022年度将土地纠纷（含林地纠纷）分册改为土地纠纷（含环境资源纠纷）分册。自2020年起，丛书由国家法官学院与最高人民法院司法案例研究院共同编辑，每年年初定期出版。在全国各级人民法院的大力支持下，丛书编委会现编辑出版《中国法院2024年度案例系列》丛书，共23册。

"中国法院年度案例系列"丛书以开放务实的态度、简洁明快的风格，在编辑过程中坚持以下方法，努力让案例书籍"好读有用"：一是高度提炼案例内容，控制案例篇幅，每个案例字数基本在3000字左右；二是突出争议焦点，尽可能在有限的篇幅内为读者提供更多有效、有益的信息；三是注重释法说理，大多数案例由法官撰写"法官后语"，高度提炼、总结案例的指导价值，力求引发读者思考，为司法审判提供借鉴，为法学研究提供启迪。

"中国法院年度案例系列"丛书编辑工作坚持以下原则：一是以研究案例库案例为首要任务。自今年起，"中国法院年度案例系列"丛书优先选用人民法院案例库案例作为研究对象，力求对案例库案例裁判要旨的基本内涵、价值导向、法理基础、适用要点等进行深入分析，增强丛书的权威性、参考性。二是广泛选编案例。国家法官学院和最高人民法院司法案例研究院每年通过各高级人民法院从全国各地法院汇集上一年度审结的典型案例近万件，使该丛书有广泛的精选基础，通过优中选优，可提供给读者新近发生的全国各地多种类型的典型性、疑难性案例。三是方便读者检索。丛书坚持以读者为本，做到分卷细化，每卷案例主要根据案由（罪名）分类编排，每个案例用一句话概括裁判规则、裁判思路、裁判理念、裁判方法或焦点问题作为主标题，让读者一目了然，迅速找到目标案例。

中国法制出版社始终全力支持"中国法院年度案例系列"丛书的出版，给了编者们巨大的鼓励。2024年，丛书将继续提供数据库增值服务。购买本书，扫描前勒口二维码，即可在本年度免费查阅往年同类案例数据库。我们在此谨表谢忱，并希望通过共同努力，逐步完善，做得更好，探索出一条充分挖掘好、宣传好人民法院案例库案例和其他典型案例价值的新路，为广大法律工作者和社会公众提供权威、鲜活、精准的办案参考、研究素材，更好地服务司法审判实践、服务法学教育研究、服务法治中国建设。

"中国法院年度案例系列"丛书既是法官、检察官、律师等法律工作者的办案参考和司法人员培训辅助教材，也是社会大众学法用法的经典案例读本，同时也为教学科研机构开展案例研究提供了良好的系列素材。当然，编者们在编写过程中也难以一步到位实现最初的编写愿望，客观上会存在各种不足甚至错误，欢迎读者批评指正。我们诚心听取各方建议，立足提质增效，不断拓宽司法案例研究领域，创新司法案例研究方法，助推实现中国特色司法案例研究事业的高质量发展。

国家法官学院　最高人民法院司法案例研究院

2024 年 5 月

目　录

Contents

一、借　款

二、保　证

三、抵 押

四、质 押

一、借　款

1

夫妻共同债务的认定

——上海某银行北京分行诉夏某、王某金融借款合同案

【案件基本信息】

1. 裁判书字号

北京市西城区人民法院（2021）京0102民初17753号民事判决书

2. 案由：金融借款合同纠纷

3. 当事人

原告：上海某银行北京分行

被告：夏某、王某

【基本案情】

2017年1月12日，上海某银行北京分行与夏某订立《个人消贷易授信额度及支用借款合同》（以下简称《借款合同》），合同约定：上海某银行北京分行向夏某提供消贷易额度总额为30万元，消贷易额度有效期自消贷易额度划拨至消贷易卡起至2020年1月11日止；消贷易额度内任何一笔贷款的贷款期限为一年，自贷款实际发放之日起计算；贷款的发放方式为直接向夏某发放消贷易贷款用于偿还消费占用额度。该合同尾部共同还款人确认处有王某签字。

2020年1月3日，夏某提用贷款5万元，2020年1月10日夏某分5笔共提用贷款25万元，共计30万元。贷款到期后，夏某未向上海某银行北京分行清偿借款本息。夏某的逾期偿付行为已构成《借款合同》项下违约，上海某银行北京分行要求夏某、王某承担共同还款责任。

王某主张，其与夏某原系夫妻关系，后双方离婚，《借款合同》中的签字不是其本人签署，对夏某向上海某银行北京分行借款的事实不清楚，不同意承担还款责任。

法院随机指定鉴定机构对王某签名的真实性进行鉴定。2022年1月21日，鉴定机构出具鉴定意见：《借款合同》中王某的签名不是其本人书写。

夏某、王某于2012年登记结婚，于2017年9月4日登记离婚。

【案件焦点】

夫妻共同债务的认定标准。

【法院裁判要旨】[①]

北京市西城区人民法院经审理认为：上海某银行北京分行与夏某订立的《借款合同》，系双方当事人的真实意思表示，经审查亦无合同无效的法定情形，各方均应受该合同的约束，全面履行自己的义务，否则应当承担相应的违约责任。本案中，上海某银行北京分行按约向夏某发放了贷款，夏某却未按时足额偿还贷款本息，夏某构成违约。上海某银行北京分行依据《借款合同》中“借款人未按约定偿还贷款本息的，贷款人有权要求借款人偿还借款本金、利息、罚息、复利并支付律师费等费用”的约定，要求夏某偿还及支付上述费用的诉讼请求，法院予以支持。对于王某是否应当承担共同还款责任，法院依法委托法大法庭科学技术鉴定研究所对案涉借款合同中王某签名的真实性进行了鉴定，程序合法，法院对鉴定意见予以采信。鉴定结论为王某签名非本人书写，故王某并非《借款合同》的共同还款人，不应承担合同

---

① 本书【法院裁判要旨】适用的法律法规等条文均为案件裁判当时有效，下文不再对此进行提示。

项下还款责任。

经查，夏某、王某已于2017年9月4日离婚，案涉借款实际产生时间系在双方离婚之后，上海某银行北京分行以夫妻共同债务为由要求王某承担共同还款责任，证据不足，法院不予支持。

最后，北京市西城区人民法院判决：

一、夏某向上海某银行北京分行偿还截至2021年10月20日的借款本金297428.73元，利息、罚息、复利21105.43元，以及自2021年10月21日起至实际清偿之日止的罚息、复利（罚息、复利按照《借款合同》约定的标准计算）；

二、夏某向上海某银行北京分行给付律师费4574元。

判决后，双方当事人均未上诉，本判决现已生效。

【法官后语】①

在对夫妻债务性质进行认定的过程中，保护债权人利益与保护未举债配偶的利益都是法律变革、发展下的产物。过去，《最高人民法院关于适用〈中华人民共和国婚姻法〉若干问题的解释（二）》中的规定是为了解决“假离婚，真逃债”的社会问题，而现如今，随着时代的发展，“假借债，坑配偶”的现象开始出现，这就需要法律对夫妻债务性质的认定作出具体、准确的规定，维护非举债一方的配偶利益和社会公平秩序。如何在审判中准确把握夫妻共同债务的相关认定标准，是本案研究探讨的重点问题。

夫妻债务性质的认定是夫妻债务制度的核心内容，《中华人民共和国民法典》第一千零六十四条充分吸收了司法解释关于夫妻共同债务的规定，明确了夫妻共同债务的认定标准，主要分为三个层次：

一是基于夫妻共同意思表示所负的债务。其表现形式既可以是事前的共同签字，也可以是事后一方的追认。此即所谓的“共债共签”制度，这符合民法

① 本书【法官后语】对此类法律问题涉及的法律规范等内容进行了时效性更新，下文不再对此进行提示。

意思自治原则和合同相对性原理。二是为日常家庭生活需要所负的债务。日常家事代理是认定夫妻因日常家庭生活所生债务性质的根据。此类债务主要是日常家事代理范畴所负的债务，为夫妻共同生活过程中产生，以婚姻关系为基础，一般包括正常的吃穿用度、子女抚养教育经费、老人赡养费、家庭成员的医疗费等，是最典型的夫妻共同债务，夫妻双方应当承担连带责任。三是超出家庭日常生活需要所负的债务且债权人不能证明该债务用于夫妻共同生活、共同生产经营或者基于夫妻双方的共同意思表示。婚姻是夫妻生活的共同体，具有长期性和连续性。婚姻关系存续期间，夫妻除因行使日常家事代理权形成日常家事债务外，还会与第三人形成其他债权债务关系，如大额借贷、赠与、不动产买卖等。为保护未举债配偶一方的合法权益，法律明确规定“配偶一方对外举债，在未举债的一方未签名或事后追认的情况下，需要债权人举证证明该借款是用于夫妻共同生活、共同生产经营，债权人无法举证的，此种情况下所负债务原则上不属于夫妻共同债务”。将举证责任科以债权人，以倒逼债权人在建立债权债务关系时尽到审慎的注意义务，按照《中华人民共和国民法典》第一千零六十四条第一款规定要求举债人的配偶一方签字同意，确保债务形成夫妻双方的共同意思表示，也能最大限度地避免夫妻一方与债权人恶意串通损害另一方合法权益的情况。民法典严格限制夫妻共同债务范围的精神，对于维护婚姻家庭的和谐稳定和社会公平正义具有重要意义。

根据《中华人民共和国民法典》对夫妻共同债务认定的规定，结合案件发生时的法律适用情况，法院认为该借款合同就双方合意上有瑕疵，且借款实际产生时间系双方夫妻关系结束后，不符合构成夫妻共同债务情况的认定。因此，法院最终判决由夏某履行金钱给付义务。

编写人：北京市西城区人民法院　王晓莉

2

主合同为通谋虚伪意思表示的担保合同效力及担保责任承担

——张某诉汪某1等股权转让案

【案件基本信息】

1. 裁判书字号

四川省高级人民法院（2022）川民再362号民事判决书

2. 案由：股权转让纠纷

3. 当事人

原告（上诉人、再审申请人）：张某

被告（上诉人、再审申请人）：汪某2

被告（上诉人、再审被申请人）：江油市化工公司、汪某1

被告（被上诉人、再审被申请人）：贾某

【基本案情】

江油市化工公司原系贾某设立的一人有限责任公司。2013年12月16日，贾某与张某签订《股权转让协议》，约定贾某将其持有的江油市化工公司10%股权转让给张某，转让价款500万元。同日，贾某与张某、汪某1等5人签订《江油市化工公司股东决定》，约定贾某将其持有的江油市化工公司注册资本5000万元中的92%股权转让给张某、汪某1等5人，转让后张某出资额500万元，占注册资本的10%。上述协议签订后，张某向江油市化工公司支付了股权转让款1100万元。2014年1月3日，贾某与于某军签订《股权转让协议书》，将其持有的江油市化工公司51%股权转让给于某军，并于2014年1月7日办理了股权转让登记。2014年10月6日，张某与时任江油市化工公司董事长汪某1及保证人汪某2签订《股权转让协议》，约定张某将其所占江油市化工公司10%股权转让给汪某1，转让价款1620万元，逾期付款按月利率6%计息，并承担转让方为实现权利支付的全部费用，保证人对汪某1给付转让款承担连带责任保证，保证责任范围包括转让款、利息及全部费用，保证期间2年。时任江油市化工公司总经理贾某以见证人身份在《股权转让协议》上签字。2014年10月28日，江油市化工公司出具《担保合同》，约定江油市化工公司对张某与汪某1签订的《股权转让协议》约定的股权转让款及相应费用提供连带保证担保，保证期间2年。2016年5月26日，四川省绵阳市中级人民法院作出（2016）川07民终458号民事判决，确认贾某与张某签订的《股权转让协议》有效，但无法继续履行，驳回张某要求贾某履行变更登记义务的诉讼请求。张某于2016年9月30日在《四川经济日报》上向汪某1发布履行合同义务的通知，并向汪某2、江油市化工公司发布履行担保义务的通知。后诉至法院，请求判决汪某1、贾某给付转让款1620万元及逾期利息，支付律师代理费2.5万元，汪某2和江油市化工公司承担连带清偿责任。张某与汪某1在另案中陈述，2014年10月6日签订的《股权转让协议》的真实目的是返还张某的股权投资款及资金利息。

【案件焦点】

1. 张某与汪某1签订的《股权转让协议》以及与汪某2、江油市化工公司签订的担保合同是否有效；2. 汪某1、贾某、汪某2、江油市化工公司是否承担责任及承担何种责任。

【法院裁判要旨】

四川省江油市人民法院一审认为，张某与汪某1签订的《股权转让协议》和与汪某2签订的担保合同均有效。江油市化工公司未召开董事会或者股东会、股东大会决定对外担保，担保合同无效。张某和江油市化工公司对担保合同无效均有过错，应承担连带赔偿责任。判决：

一、汪某1于判决生效后三十日内支付张某转让款1620万元及逾期利息；

二、汪某1于判决生效后三十日内支付张某为本次诉讼支付的诉讼代理费2.5万元；

三、汪某2就该判决第一项、第二项付款向张某承担连带清偿责任；

四、江油市化工公司就汪某1、汪某2对该判决第一项、第二项付款不能清偿的额度内，向张某承担40%的连带赔偿责任；

五、驳回张某的其他诉讼请求。

四川省绵阳市中级人民法院二审认为，张某与汪某1两人的自认内容足以证明《股权转让协议》中关于股权转让的内容是双方的虚假意思表示，应认定为无效。《股权转让协议》所隐藏的退还张某1100万元入股款项的真实意思表示符合法律规定，应认定为有效，贾某与汪某1均应承担返还责任。汪某2明知股权转让是虚假意思表示仍进行担保，具有过错，应承担补充赔偿责任。张某明知贾某超越权限签订《担保合同》，江油市化工公司不应对此承担责任。判决：

一、撤销一审判决第一项，改判汪某1、贾某于判决生效后三十日内返还张某转让款1100万元及资金占用利息；

二、撤销一审判决第二项，改判汪某1、贾某于判决生效后三十日内支付张某为本次诉讼支付的诉讼代理费2.5万元；

三、撤销一审判决第三项，改判汪某2就判决第一项、第二项汪某1、贾某无法履行部分向张某承担补充赔偿责任；

四、撤销一审判决第四项；

五、驳回张某的其他诉讼请求。

四川省高级人民法院再审认为，张某和汪某1签订的《股权转让协议》中关于股权转让的内容是双方虚假意思表示，其真实目的是解决2013年12月16日《股权转让协议》无法履行后贾某、汪某1责任承担的问题。《股权转让协议》中的股权转让内容因系双方虚假意思表示而无效，其中隐藏的真实意思表示是汪某1、贾某愿意分期向张某支付1620万元，不违反法律规定，应为有效。对于汪某2而言，无证据证明其明知张某与汪某1的股权转让系虚假意思表示，其系为汪某1与张某的虚假意思作担保。汪某1与张某的虚假意思表示无效，从属于该主合同的汪某2与汪某1、张某之间的担保合同也无效。现有证据不能证明汪某2对合同无效具有过错，故其不应承担民事责任。对于江油市化工公司而言，其明知汪某1与张某之间的股权转让系虚假意思表示，因此其系对汪某1与张某的真实意思进行担保，主合同有效。但江油市化工公司出具的担保合同系时任法定代表人贾某超越代表权限所签，且张某对此明知，故江油市化工公司和张某对于担保合同无效均有过错，江油市化工公司应对汪某1、贾某不能履行部分的二分之一承担民事责任。遂判决：

一、撤销一审、二审判决；

二、汪某1、贾某于判决生效后三十日内支付张某转让款1620万元及逾期利息；

三、汪某1、贾某于判决生效后三十日内支付张某为本次诉讼支付的诉讼代理费2.5万元；

四、江油市化工公司就本判决第二项、第三项汪某1、贾某无法清偿部分的二分之一向张某承担支付责任；

五、驳回张某的其他诉讼请求。

【法官后语】

担保合同是主债权债务合同的从合同，担保合同的从属性是担保制度的根基，也是准确审理担保合同纠纷的金钥匙。在担保合同的从属性中，效力上的从属性是其中最重要的特性。《中华人民共和国担保法》第五条和《中华人民共和国民法典》第三百八十八条、第六百八十二条对于担保合同效力上的从属性都作出了明确规定。除法律另有规定外，主债权债务合同无效的，担保合同无效，这一点在学界和司法实践中并无争议。但是当主债权债务合同为通谋虚伪意思表示的合同时，担保合同的效力认定以及担保人的责任承担，则具有一定的特殊性和复杂性，需要进一步区分担保人是对虚假意思表示提供担保，还是对真实意思表示提供担保，并在此基础上对担保合同的效力以及担保人对担保合同的无效是否具有过错等进行具体分析，层层递进，才能对担保人的责任作出准确、合理的认定。

本案中，主债权债务合同即2014年10月6日签订的《股权转让协议》，双方当事人张某和汪某1均认可，其中的股权转让系虚假的意思表示，真实意思是退还张某的入股投资款。根据《中华人民共和国民法典》第一百四十六条，《股权转让协议》中关于股权转让的内容，因系双方虚假意思表示而无效，但其中隐藏的真实意思表示即退还张某入股投资款的内容合法有效。此种情形下，由于主债权债务合同呈现为外在的虚假意思表示与隐藏的真实意思表示的双层结构，主债权债务合同的权利义务是根据隐藏的真实意思表示认定的，而担保合同因在形式上表现为对外在的虚假意思表示提供担保，审理中容易不加区分地按照主债权债务合同无效、担保合同无效的规则，简单认定担保合同无效，进而根据担保人对担保合同无效有无过错，认定其是否承担民事责任。这种简单化的处理结果是，主债权债务合同按照隐藏的真实意思表示进行审理，而担保合同却按照对虚假意思表示的担保进行审理，表面上遵从了担保合同的从属性，而实质上违反了担保合同的从属性，造成了对主债权债务合同和担保合同在法律评价上的错位，显然无法准确地判定担保人的责任。本案再审判决根据担保人汪某2和江油市化工公司对主债权债务合同中股权转让的虚假意思表示是否明知（知道或应当知道），对担保合同的效力作出区分认定，即汪某2不明知，其是为主合同虚假意思表示提供担保，而非为隐藏的真实意思表示提供担保，担保合同因主合同无效而无效，且汪某2对此没有过错，故不应承担责任；江油市化工公司明知，其是为主合同有效的真实意思表示提供担保，担保合同不因主合同无效而无效，只是由于担保合同是法定代表人超越代表权限所签，且相对人张某对此明知，故江油市化工公司应对汪某1、贾某不能履行部分的二分之一承担民事责任。

综上，本案再审判决对于主合同为虚假意思表示掩盖真实意思表示的情况下，如何认定担保合同的效力及担保人的责任明确了裁判规则，即坚持担保合同的从属性原则，具体分析担保人是对主合同虚假意思表示提供担保，还是对主合同隐藏的真实意思表示提供担保，在此基础上认定担保合同的效力和担保人的责任。本案体现了精细化的审判理念和穿透式的审判思维，其裁判思路和分析方法具有指导意义。

编写人：四川省高级人民法院　袁姗姗

3

债务履行期届满后的处分型以物抵债合同效力认定

——安某诉董某不当得利案

【案件基本信息】

1. 裁判书字号

江苏省徐州市中级人民法院（2021）苏03民再103号民事判决书

2. 案由：不当得利纠纷

3. 当事人

原告（被上诉人、再审被申请人）：安某

被告（上诉人、再审申请人）：董某

【基本案情】

2013年7月16日，安某向董某借款人民币10万元并出具借条。2014年1月30日，安某向董某借款20万元。2014年3月3日，安某向董某借款10万元。2014年3月15日，安某向董某借款5万元。2015年4月27日，安某与董某就2013年7月16日的10万元借款重新签订《借款合同》，约定："今借董某人民币壹拾万元整（100000.00），于2015年5月15日归还，用其型号为沃尔沃210型挖掘机作为抵押，由董某托其他处保管，到期归还借款时，由董某拖回其原工作场地徐州市铜山区三堡镇，对于托后保管所产生的所有费用由董某负责。还款方式：到期前一日还一半，次日挖掘机到其原工地归还另一半借款，如挖掘机到其工地未能归还剩下借款，则出借方有权自行处理。如到期以各种理由未按时送回其工作场地，便将此抵押物品出售于董某作为抵销借其所有借款，本合同一式两份，双方签字即生效。原安某于 2013 年 7 月 16 日给董某打的借条原件作废。”2015 年 5 月 19 日，安某通过银行转账的方式给董某打款人民币 1 万元，备注为还挖机抵押款。2017 年 6 月 13 日，董某以安某未偿还 2014 年 1 月至 3 月的借款 35 万元为由诉至法院，人民法院生效判决确认安某偿还董某 34.6 万元借款及利息。2017 年 12 月 14 日，安某以董某擅自使用质物并营利为由诉至法院，请求人民法院判决董某返还挖掘机并支付其在保管挖掘机期间因擅自使用所获得的不当利益 66.72 万元。

【案件焦点】

案涉《借款合同》中关于以质物抵销借款的约定是否有效，如有效，其性质以及所抵销借款的数额如何认定。

【法院裁判要旨】

江苏省徐州市铜山区人民法院一审认为：案涉《借款合同》表明双方质押合同成立且质权设立。但合同中以质物抵债的约定不符合物权法规定，属无效约定。董某在占有案涉挖掘机期间使用并获益没有法律依据，安某因此受到损害有权要求董某返还其不当得利。故判决如下：

一、被告董某于本判决生效之日起十日内返还原告安某不当得利 667200 元；

二、被告董某于本判决生效之日起十日内返还原告安某沃尔沃 201 型挖掘机一台。

董某上诉，江苏省徐州市中级人民法院二审同意一审法院判决意见，判决如下：

驳回上诉，维持原判。

董某申请再审，经江苏省徐州市中级人民法院审判委员会讨论决定，裁定如下：

一、本案由本院再审；

二、再审期间中止原判决的执行。

江苏省徐州市中级人民法院再审认为：安某与董某于2013年7月16日签订的借款合同未约定还款期限，董某多次向安某主张权利的行为即表明上述债务已届清偿期。至2015年4月27日，二人就该笔借款重新签订《借款合同》，约定还款方式和还款期限，并以安某所有挖掘机为质物担保债务履行，此系债务履行期届满后达成的还款计划，而非订立新的借款合同。合同中关于将挖掘机出售于董某以抵销借款的约定，系债务履行期届满后达成的以物抵债协议，合法有效。

对于抵销借款数额的争议，应依据文义解释、目的解释、诚信解释等多种法律解释方法综合理解。结合"所有"的字面含义、惯常表述、董某另向安某出借款项的事实、挖掘机评估时值、以物抵债实践做法，董某与安某主张的抵销数额均与实际不符等因素，对争议内容应理解为，若董某逾期未将挖掘机还至安某工地，则发生以该挖掘机抵偿安某所欠董某全部借款之效力。本案中，因董某未归还挖掘机，双方间债权债务关系消灭，故安某诉请董某返还不当得利损失，缺乏事实和法律依据。判决如下：

一、撤销本院（2018）苏03民终5853号民事判决及徐州市铜山区人民法院（2018）苏0312民初83号民事判决；

二、驳回安某的诉讼请求。

【法官后语】

本案的争议焦点在于，债务履行期届满后，借款合同双方重新约定还款期限，并约定债务人以物作质，至未能依约偿还债务时，即将质物出售于债权人以抵销其所借债权人所有借款的合同性质问题。本案事实及原一、二审判决均发生于《中华人民共和国民法典》施行前，本案系再审程序，故仍应适用《中华人民共和国物权法》《中华人民共和国合同法》相关规定作为调整双方间法律关系的依据。

1. 债务履行期届满后，债权人与债务人重新就原债务签订借款合同并另行约定还款期限的合同应认定为债务人出具的还款计划而非另行订立新的合同。因债权人与债务人签订在先的借条中并未约定借款利息及还款期限，借款合同签订后，债权人多次向债务人主张债权，债务人均未履行债务，此即意味着本案至双方当事人重新签订借款合同时，案涉债务履行期已届满。双方重新签订的借款合同另行约定还款期限，乃是在原权利义务关系基础之上就还款细节所作的调整，另行订立的担保条款则是基于原债权债务关系而用以担保主债权履行的从合同，亦非消灭原债权债务关系后另行订立的独立合同。即使双方于借款合同中明确约定"借条原件作废"，但从双方权利义务关系本质来讲，该文字内容并未包含消灭双方间权利义务关系、重新成立新的权利义务关系的意思表示，而系债务人对于原债务的认可和自愿还款的承诺，以及债权人对此期间因债务人怠于还款而产生的违约利益的自愿放弃。

2. 双方当事人约定，至未能依约偿还债务时，即将质物出售于债权人以抵销其所借债权人所有借款的合同性质问题。依据《中华人民共和国物权法》规定，当事人在担保物权可得实现之前所约定的由担保物权人不经公力救济程序而直接取得担保财产的所有权的条款系无效。故本案原一审法院错误地认为，《借款合同》中关于"如挖掘机到其工地未能归还剩下借款，则出借方有权自行处理。如到期以各种理由未按时送回其工作场地，便将此抵押物品出售于董某作为抵销借其所有借款"的约定，不符合《中华人民共和国物权法》的规定，属无效约定。事实上，案涉担保及抵债条款约定于双方债务履行期届满后，而《中华人民共和国物权法》并未对债务履行期届满后订立的以物抵债协议之效力作出明确的否定性评价；而将质物出售于债权人以抵销借其所有借款的约定是否有效，亦不得机械适用法律条文，而应以体系化思维作出判断。在《中华人民共和国物权法》的框架下，本案的裁判规则在一定程度上为以物抵债的效力判断问题提供思路借鉴。《全国法院民商事审判工作会议纪要》明确规定，经人民法院审查，债权人依债务履行期届满后达成的以物抵债协议交付抵债物的，如不存在恶意损害第三人合法权益等情形，依法应予支持。诚然，上述会议纪要于原一、二审过程中并未出台，但在充分尊重交易主体意思自治的前提下，以物抵债作为私人债权实现形式并非被禁止。

3. 为避免以物抵债实践中“恃强凌弱”的发生，对于抵债物的折抵清算方式，无论归属清算还是处分清算，均应以给付均衡为基本准则。受市场价值波动影响，债权实现时抵债物价值可能高于或低于债权余额，致使债务人或债权人遭受不公平给付。因此，应以债权人请求移转抵债物所有权时抵押物的价格为基准，衡量抵押物价格与债权余额之间的差异。对于存在的数额差距过大或过小的情况，应允许适当返还或继续追偿。而基于经济和效率因素考量，对于抵债物价值，则通常应以公开二手市场价格予以确定，仅在缺乏公开二手市场价格判定或当事人拒绝接受的情形下，通过评估鉴价程序予以确定，并应相应扣除抵债物上所负担的税费及其他权利负担。

编写人：江苏省徐州市中级人民法院　蔡青峰　师雯

4

以买卖合同为民间借贷提供担保，买卖合同无效，担保行为有效，但不享有优先受偿权

——罗某诉水上运动公司、周某借款合同案

【案件基本信息】

1. 裁判书字号

浙江省湖州市中级人民法院（2022）浙05民终1745号民事判决书

2. 案由：借款合同纠纷

3. 当事人

原告（反诉被告、被上诉人）：罗某

被告（反诉原告、上诉人）：水上运动公司

被告（上诉人）：周某

【基本案情】

2016年2月1日，罗某作为出借人、水上运动公司作为借款人，双方签订《借款协议》一份。双方约定：由于借款人公司经营需要向出借人借款363万元（借款部分为转账，部分为现金）。借期自2016年2月1日起至8月31日止。借款人提供坐落于浙江省湖州市名爵游艇俱乐部6幢的房产出售给罗某作为担保。借款人逾期还款的除约定利息外每天承担1%的滞纳金直到归还完全部借款为止。具体借款时间按实际时间为准，超过上述借期借款人若尚未归还借款的，则超出时间按月利息3分计息支付给出借人，按月结息。超过2016年10月31日仍未归还借款的，则上述房屋按买卖合同产权归出借人，并由出借人处置后归还。罗某在出借人栏签名，时任水上运动公司法定代表人的周某在借款人栏签字，并加盖水上运动公司公章。

同日，水上运动公司与罗某签订《商品房买卖合同》，出卖人为水上运动公司，买受人为罗某。约定：罗某购买的商品房为名爵游艇俱乐部6幢、名爵游艇俱乐部6幢-2、名爵游艇俱乐部6幢-3、名爵游艇俱乐部6幢-屋顶层、名爵游艇俱乐部6幢-地下层。该商品房房款合计363万元。罗某按一次性付款方式付款，买受人于2016年2月1日一次性付清房款363万元整。本商品房为预售商品房，由水上运动公司与罗某向当地房屋登记机构申请预告登记。

2016年2月2日，罗某向水上运动公司转账250万元；2016年2月4日，罗某向水上运动公司转账47万元，合计转账297万元。

2017年8月10日，周某向罗某出具《承诺书》，载明“本人周某向罗某出借本金叁佰陆拾叁万元整，至2017年8月止，尚少利息壹佰叁拾万陆仟捌佰元（1306800元），约定游艇俱乐部办证后可以归还本息”。

2021年4月9日，案涉房屋完成不动产信息登记。

因案涉借款至今未能清偿，故纠纷成讼。罗某提出如下诉讼请求：1. 判令水上运动公司、周某立即向罗某归还借款本金 3630000 元和利息；2. 判令罗某有权就本案债权在案涉房屋的拍卖所得价款内进行受偿。

【案件焦点】

以买卖合同为民间借贷提供担保的，买卖合同和担保行为的效力认定问题。

【法院裁判要旨】

浙江省湖州南太湖新区人民法院经审理认为：第一，借款协议中明确载明"借款人提供坐落于浙江省湖州市名爵游艇俱乐部 6 幢的房产出售给甲方作为担保"。表明双方的真实意思表示为通过签订商品房买卖合同来为借贷提供担保，形成的是借贷法律关系，进而否定双方具有商品房买卖的真实意图。第二，从购买的价款来看，该商品房买卖合同设置的单价为 5000 元，明显偏离正常的市场交易价格。第三，从实际交付来看，案涉商品房并未实际交付，仍然登记在水上运动公司名下。综上，在双方借贷关系成立的前提下，签订商品房买卖合同的行为，属于非典型担保。根据《最高人民法院关于审理民间借贷案件适用法律若干问题的规定》第二十三条的规定，水上运动公司与罗某之间仅签订了《商品房买卖合同》，且未对案涉房产办理抵押、质押或进行所有权转移，对第三人而言，不具有公示效果，故罗某不具有优先受偿的权利。在本判决生效后，若水上运动公司不履行判决的，罗某可以申请拍卖买卖合同标的物。水上运动公司与罗某签订商品房买卖合同是为借款合同提供担保，构成通谋虚伪表示，商品房买卖合同本身作为伪装行为，并非双方真实的意思表示，该合同无效，而借款担保作为隐藏行为，不违反法律、行政法规的强制性规定，可以肯定其在水上运动公司与罗某之间的合同效力。据此，判决：

一、被告水上运动公司、周某于本判决生效之日起十日内共同支付原告罗某借款 2970000 元及利息（以 2970000 元为基数，按照全国银行间同业拆借中心公布的一年期贷款市场报价利率的四倍计算至借款实际清偿之日止）；

二、若被告水上运动公司、周某未全面足额履行第一项给付义务，则原告罗某有权对案涉房产申请拍卖，以偿还债务。

二审法院同意一审法院裁判意见。

【法官后语】

“名为买卖实为借贷”合同的签订在实践中存在多种表现形式，包括仅签订房屋买卖合同，债权人出具回购承诺函的形式；合同双方同时签订房屋买卖合同和借款合同的形式等，但是无论采用何种形式，其实质均是借贷，买卖只是作为担保而存在。

判断双方签订的是商品房买卖合同还是以签订商品房买卖合同的形式为借款提供担保，应从以下方面确定真实意思：一是审查买受人有无购房意愿，可从有无购房款的交付、购房款的交付对象等方面进行考察；二是从双方的交易行为是否符合买卖合同履行的基本规则等方面进行考察。如经考察系以签订商品房买卖合同的方式为借款提供担保，从而债务人或第三人与债权人签订不动产买卖合同，约定将不动产买卖合同的标的物作为担保标的物，但并未实际让渡不动产所有权，而是让渡物权期待权，且在债务人不能履行还款义务之时，也不能转移所有权，而是对担保标的物进行拍卖折价后从价款中受偿。

一、如何认定“名为房屋买卖，实为借款担保”的法律行为

“名为房屋买卖，实为借款担保”的认定，往往需要对房屋买卖合同中约定的房屋情况是否清楚、权利义务是否对等、履约方式是否有违常理、是否约定了回购条款等多方面因素进行综合考量。如果双方对买卖房屋没有符合日常交易习惯的情况描述（如房屋面积、家具设施、交付使用等），缺少正常交易买卖双方应尽权利义务的约定（如限制出卖方权利、任意扩大购买方权利），存在一定时间内溢价回购房屋的约定，并明确到期不回购则房屋归另一方所有的，则当事人之间的法律关系实为借贷法律关系，从而认定房屋买卖合同为当事人虚假的意思表示，应当无效。在本案中，双方签订的房屋买卖合同无买卖合意，双方约定的价格明显偏离市场价格，房屋并未实际转移登记，故认定该房屋买卖合同是为借款合同担保，该合同无效。

二、约定以房屋买卖为借款担保，到期不偿还则房屋所有权转移的法律效力

若当事人以借贷为目的签订房屋买卖合同作为担保，并明确到期不偿还债务则房屋所有权转移的，属于流押条款。根据《中华人民共和国民法典》第四百零一条及《最高人民法院关于适用〈中华人民共和国民法典〉有关担保制度的解释》第六十八条的规定，该约定不具有法律效力，但是流押行为的无效并不影响当事人有关提供担保的意思表示的效力，当事人之间的担保法律关系仍然成立。若债务人到期无法偿还债务的，债权人虽然不能取得房屋所有权，但可以请求折价或者以拍卖、变卖所得的价款清偿债务。不过，由于未办理房屋产权转移登记手续，债权人依法不享有优先受偿权。在本案中，双方未对案涉房产办理进行所有权转移，对第三人而言，不具有公示效果，故不具有优先受偿的权利。若不履行判决的，债权人可以申请拍卖买卖合同标的物。本案中，双方签订商品房买卖合同是为借款合同提供担保，构成通谋虚伪表示，商品房买卖合同本身作为伪装行为，并非双方的真实意思表示，故该买卖合同无效，而借款担保作为隐藏行为，不违反法律、行政法规的强制性规定，可以肯定该合同的担保效力。

编写人：浙江省湖州南太湖新区人民法院　豆亚凡

5

集体所有制企业对外提供担保未经集体经济组织讨论决定的，担保行为无效

——江苏银行周庄支行诉江某集团公司等金融借款合同案

【案件基本信息】

1. 裁判书字号

江苏省无锡市中级人民法院（2022）苏02民终6436号民事判决书

2. 案由：金融借款合同纠纷

3. 当事人

原告（被上诉人）：江苏银行周庄支行

被告（上诉人）：江某集团公司

被告：江阴电子公司、沈某某、吕某某

【基本案情】

2021年，江阴电子公司因生产经营需要向江苏银行周庄支行贷款1200万元。沈某某、吕某某在1200万元的范围内提供最高额连带责任保证。江某集团公司亦为上述贷款提供连带责任保证，由江某集团公司法定代表人邹某某在担保合同上签名并加盖江某集团公司印章。江某集团公司又名江阴市某冶金设备厂，是集体所有制企业，由江阴市周庄镇周庄村村民委员会出资设立，其章程第十二条载明“经理为企业法定代表人……”第十四条载明“经理领导企业的科研、生产和经营管理工作，行使下列职权：（一）依照法律和国务院规定，决定企业的各项计划……”因江阴电子公司未能按时还款，江苏银行周庄支行遂诉至法院，要求江阴电子公司还款，沈某某、吕某某、江某集团公司承担连

带担保责任。

【案件焦点】

江某集团公司对外提供担保，仅有法定代表人签名并加盖公章而未经设立该企业的集体组织讨论决定，是否导致担保无效。

【法院裁判要旨】

江苏省江阴市人民法院经审理认为：邹某某作为时任法定代表人签名并加盖江某集团公司印章而代表江某集团公司提供的连带责任保证有效。理由是：第一，江某集团公司虽名为“江某集团公司”，但又名“江阴市某冶金设备厂”，属于集体所有制企业，不属于《中华人民共和国公司法》第二条规定的有限责任公司、股份有限公司，没有董事会或股东会、股东大会，其提供连带责任保证无须经过《中华人民共和国公司法》第十六条规定的董事会或股东会、股东大会决议程序。第二，根据江某集团公司章程，江某集团公司授权法定代表人“决定企业的各项计划”，在企业之间互保联保的背景下，江某集团公司提供连带责任保证仍可归属于“各项计划”。第三，退一步而言，即使邹某某超越法定代表人权限，根据《中华人民共和国民法典》第五百零四条规定的“法人的法定代表人或者非法人组织的负责人超越权限订立的合同，除相对人知道或者应当知道其超越权限外，该代表行为有效，订立的合同对法人或者非法人组织发生效力”，因无证据证明相对人江苏银行周庄支行“知道或者应当知道”，故其越权代表提供的连带责任保证依然有效。

江苏省江阴市人民法院依照《中华人民共和国民法典》第五百零四条、第六百七十四条、第六百七十五条、第六百七十六条、第六百八十八条、第六百九十条、第六百九十一条之规定，判决：

一、江阴电子公司向江苏银行周庄支行归还贷款本金1168.648231万元及相应期内欠息、逾期罚息；

二、对上述第一项债务，江某集团公司承担连带清偿责任；

三、对上述第一项债务，沈某某、吕某某在1200万元的范围内承担连带清偿责任。

江某集团公司不服一审判决，提出上诉。江苏省无锡市中级人民法院经审理认为：一、江某集团公司对外提供担保仅有邹某某作为时任法定代表人签名同意和企业盖章，显然超越权限。首先，依照《中华人民共和国民法典》第二百六十一条第二款规定，集体出资的企业的所有权变动等事项，应当依照法定程序经本集体成员决定。《中华人民共和国村民委员会组织法》第二十四条规定，以借贷、租赁或者其他方式处分村集体财产等事项，经村民会议讨论决定方可办理。《中华人民共和国乡村集体所有制企业条例》第十八条第一款规定，企业财产属于举办该企业的乡或者村范围内的全体农民集体所有，由乡或者村的农民大会（农民代表会议）或者代表全体农民的集体经济组织行使企业财产的所有权。第十九条规定，企业所有者依法决定企业的经营方向等并有权作出关于企业分立、合并等决议。本案中，江某集团公司系集体所有制企业，是我国社会主义公有制经济的组成部分，涉及所有权变动等重大事项，应当依照《中华人民共和国村民委员会组织法》规定的民主议定程序决定。其次，江某集团公司的经营范围不包括对外提供担保业务，故不属于企业章程中法定代表人职权范围的企业经营管理事项。而企业为他人提供担保实质系处分企业财产的行为，属于涉及集体成员重大利益的事项，不能由该企业负责人擅自做主。二、江苏银行周庄支行接受江某集团公司提供的担保并非善意。江某集团公司属于集体所有制企业，不适用《中华人民共和国公司法》第十六条规定，如前所述，应按照《中华人民共和国民法典》《中华人民共和国村民委员会组织法》等规定的法定程序进行。此外，属地政府亦对村属集体企业名义为其他企业或个人融资担保行为作出禁止性规定，江苏银行周庄支行作为从事担保贷款业务的金融机构，理应知晓企业对外提供担保等重大事项应由企业的所有权人决议或同意，而江苏银行周庄支行并未尽到善意无过失的审慎审查义务，故其存在过错，不属于《中华人民共和国民法典》第五百零四条规定的善意相对人。综上，江某集团公司为江苏银行周庄支行提供的担保无效，双方对此均存在过错，江某集团公司承担主债务人江阴电子公司上述债务不能清偿部分的二分之一的赔偿责任。故江苏省无锡市中级人民法院判决：

一、维持原审判决第一项、第三项；

二、撤销原审判决第二项；

三、江某集团公司承担江阴电子公司上述第一项债务不能清偿部分二分之一的赔偿责任；

四、驳回江苏银行周庄支行的其他诉讼请求。

【法官后语】

集体所有制企业包括城镇集体所有制企业和乡村集体所有制企业，对于已经改制为公司、专业合作社的集体企业，其企业行为的程序、后果应当受对应企业组织法的调整，自无疑问。但直至今日，仍有相当一部分城镇、乡村集体所有制企业未完成企业组织形式的调整，而《中华人民共和国城镇集体所有制企业条例》《中华人民共和国乡村集体所有制企业条例》并未明确规定集体所有制企业对外提供担保的程序。这些集体所有制企业对外提供担保是否需经集体经济组织讨论决定，未经讨论是否导致担保合同无效，在法律未有明确规定的情况下，司法实践中存有争议。一种观点认为，集体所有制企业不受《中华人民共和国公司法》（以下简称《公司法》）调整，其提供担保无须经过《公司法》第十六条规定的决议程序，法定代表人有权代表企业对外提供担保；另一种观点则认为，集体所有制企业对外提供担保需经集体经济组织讨论决定程序，否则担保合同无效。

本案中，江某集团公司系乡村集体所有制企业，并非《公司法》意义上的公司，自不应受《公司法》调整，但《中华人民共和国乡村集体所有制企业条例》规定的是企业所有者与经营者相分离的制度，“企业财产属于举办该企业的乡或者村范围内的全体农民集体所有，由乡或者村的农民大会（农民代表会议）或者代表全体农民的集体经济组织行使企业财产的所有权”，而“企业经营者是企业的厂长（经理），企业实行厂长（经理）负责制。厂长（经理）对企业全面负责，代表企业行使职权”，其中并未明确集体所有制企业对外提供担保是不是其法定代表人能够单独决定的事项。法院认为，集体所有制企业对外提供担保需经集体经济组织讨论决定，出借人未审查该决定的，不能认定为善意，担保合同无效。主要从以下三个角度进行分析：

一是从体系解释的角度。《中华人民共和国乡村集体所有制企业条例》明确规定了企业的经营方向、经营形式、利润分配以及企业分立、合并、迁移、停业、终止、申请破产等重大事项的决议系所有者的权限。本案中，江某集团公司对外担保金额为1200万元，已经超过注册资金，属于重大事项并应当由企业所有者决议。村民委员会作为唯一发起人注资设立了江某集团公司，江某集团公司应当视为村集体的财产，根据村委会组织法规定，处分村集体财产应当经过村民会议讨论决定，江某集团公司对外担保未经村集体组织决议应当无效。

二是从担保权人的角度。担保权人系专业银行，理应知道企业对外担保应当经过内部讨论程序，企业法定代表人无权擅自以企业名义对外担保。特别是在本案中，属地政府部门对集体企业对外担保有明确禁止的规范性文件，银行对此更应当小心谨慎，但其没有尽到审慎审查的义务，不能构成善意担保权人。

三是从不同企业组织形式横向比较的角度。公司法明确公司对外担保应当经过股东会或者董事会决议。农民专业合作社法亦明确规定农民专业合作社成员大会才有权决定重大财产处置、对外投资、对外担保和生产经营活动中的其他重大事项，同时特别规定农民专业合作社的理事长、理事和管理人员不得违反章程规定或者未经成员大会同意，将合作社资金借贷给他人或者以合作社资产为他人提供担保。可见，无论是什么组织形式的企业，在现代企业制度所有权和经营权相分离的原则下，经营者无权擅自决定企业对外担保等重大事项，前述重大事项必须经过所有者决议通过后方可实施。

本案的裁判结果，一方面启示村民委员会、集体所有制企业法定代表人等在管理、处分、经营集体财产时必须经集体组织决议，不得损害集体财产权益。另一方面也对银行等金融机构接受集体所有制企业担保形成一种警示，银行应当严格按照形式审查的要求，审慎审查集体企业所有者对担保事项的决议文件，否则可能导致担保行为无效、担保目的落空。

编写人：江苏省无锡市中级人民法院 陈洋 刘英

6

民法典施行前保证人保证方式约定不明的应承担连带保证责任

——张某诉李某、田某民间借贷案

【案件基本信息】

1. 裁判书字号

重庆市第四中级人民法院（2022）渝 04 民终 1313 号民事判决书

2. 案由：民间借贷纠纷

3. 当事人

原告（被上诉人）：张某

被告（上诉人）：李某、田某

【基本案情】

李某以欣欣幼儿园园舍改造升级为由向张某借款 300000 元，约定 2019 年 6 月 30 日还款，口头约定利息为月息 3 分。2018 年 6 月 30 日，张某通过中国农业银行分两次向李某转款 200000 元、100000 元共计 300000 元。借款到期后，李某未按合同约定及时归还本金及利息，其于 2019 年 11 月 19 日出具借条一张，该借条载明："兹借到张某人民币 300000 元（大写叁拾万元整）用于欣欣幼儿园园舍改造升级，所借款项用于钟多镇花园村 3 组的房子及幼儿园全部股份作抵押。还款期限为 2020 年 12 月底，逾期不还，则上述房屋及幼儿园全部股份归张某所有。此据，借款人：李某，担保人：田某，之前借款时间 2019 年 6 月 30 日（未还），续借时间 2019 年 11 月 19 日。"其后，李某未还款，张某起诉要求李某还款，田某承担连带担保责任。

【案件焦点】

《中华人民共和国民法典》施行前保证人保证方式约定不明，且该保证合同纠纷在《中华人民共和国民法典》施行后发生的，该保证人是否应当承担连带保证责任。

【法院裁判要旨】

《中华人民共和国民法典》施行前保证人保证方式约定不明，且该保证合同纠纷持续到《中华人民共和国民法典》施行后的，不能视该行为为民法典施行后的法律事实引起的民事纠纷案件而适用民法典的规定，应当作为民法典施行前的法律事实引起的民事纠纷案件，适用当时的法律、司法解释的规定，承担连带保证责任。

酉阳土家族苗族自治县人民法院经审理后认为，合法的借贷关系受法律保护，借款人应当及时归还借款本金及利息。根据《中华人民共和国担保法》第二十一条规定："保证担保的范围包括主债权及利息、违约金、损害赔偿金和实现债权的费用。保证合同另有约定的，按照约定。当事人对保证担保的范围没有约定或者约定不明确的，保证人应当对全部债务承担责任。"田某在借条中担保人处签名捺印，其担保行为成立，田某作为保证人对案涉借款承担连带清偿责任。

李某、田某不服，认为田某应当承担一般保证责任而非连带保证责任，遂向重庆市第四中级人民法院提起上诉。

二审法院经审理后认为，根据《最高人民法院关于适用〈中华人民共和国民法典〉时间效力的若干规定》第一条第一款、第二款规定，民法典施行后的法律事实引起的民事纠纷案件，适用民法典的规定。民法典施行前的法律事实引起的民事纠纷案件，适用当时的法律、司法解释的规定，但是法律、司法解释另有规定的除外。本案中，田某于 2019 年 11 月 19 日在借条中签字作为担保人发生在民法典施行前，应当适用《中华人民共和国担保法》第十九条规定，当事人对保证方式没有约定或者约定不明确的，按照连带责任保证承担保证责任。遂驳回上诉，维持原判。

【法官后语】

司法实践中，准确适用法律的意义重大，不同的法律适用会导致不同的结果。《中华人民共和国民法典》第六百八十六条规定，保证的方式包括一般保证和连带责任保证。当事人在保证合同中对保证方式没有约定或者约定不明确的，按照一般保证承担保证责任。而《中华人民共和国担保法》第十九条规定，当事人对保证方式没有约定或者约定不明确的，按照连带责任保证承担保证责任。

本案中，李某、田某认为根据《中华人民共和国民法典》及《最高人民法院关于适用〈中华人民共和国民法典〉时间效力的若干规定》的规定，其应承担一般保证责任。理由如下：根据《中华人民共和国民法典》第六百八十六条规定，保证的方式包括一般保证和连带责任保证。当事人在保证合同中对保证方式没有约定或者约定不明确的，按照一般保证承担保证责任。再根据《最高人民法院关于适用〈中华人民共和国民法典〉时间效力的若干规定》第一条规定，民法典施行后的法律事实引起的民事纠纷案件，适用民法典的规定。民法典施行前的法律事实引起的民事纠纷案件，适用当时的法律、司法解释的规定，但是法律、司法解释另有规定的除外。民法典施行前的法律事实持续至民法典施行后，该法律事实引起的民事纠纷案件，适用民法典的规定，但是法律、司法解释另有规定的除外。本案中，2019年11月19日的借条对田某承担何种保证方式没有约定，且其承担保证的法律事实持续至今，因此应当适用《中华人民共和国民法典》第六百八十六条规定，承担一般保证责任。

据此，正确理解《最高人民法院关于适用〈中华人民共和国民法典〉时间效力的若干规定》第一条规定是本案的核心。其中，准确认识“法律事实持续至民法典施行后”的含义，准确把握“法律事实”以及“法律事实持续”的定义内涵是准确适用法律的关键。

一、法律事实

《中华人民共和国民法典》及《最高人民法院关于适用〈中华人民共和国民法典〉时间效力的若干规定》并未明确法律事实的定义。对于法律事实概念上的分析主要存在以下几种观点：一是构成要件说。将法律事实等同于完全的法律规定中的构成要件。二是因果关系说。民事法律事实是法律现象发生的原因，其引发民事权利的发生、变更或消灭。三是法律所规范之事实说。此种观点认为，民事法律事实为民法所规定的生活事实，纯粹由非法律规范所调整的生活事实则非民事法律事实。按照通说的观点，法律事实是法律现象产生的原因，是依法能够引起民事法律关系产生、变更和消灭的客观现象。①

笔者认为，按照“法律事实”这一语言的概念范畴来解释，从最为广义的角度来看，法律事实就是与生活事实相对应的一个概念，即被法律规定的事实，或者说该事实能够在法律中予以评价。但是，如此理解法律事实对于具体问题的判断难以准确，因此可以从“事实”的角度来看，将事实分为事件与行为，“根据客观事实是否与人的意志有关，可以将法律事实分为事件和行为两大类”。② 一个事实通常包含两个层面：第一个层面是通过人的行为的事实；第二个层面是并不由人的行为造成某一事实，而是不由人的意志为转移的事实发生，如“疫情影响导致承租人无法交纳房租”，这一事实当然不由承租人的意志为转移，但它同时也成为一个事实。与此同时，在“行为与事件”之外，还需要判断该行为与事件是否能够在法律规范中予以评价，因此，有人认为法律事实就是构成要件也具有相当合理性，因为，构成要件就是对生活事实的法律化，也就是说，该“行为与事件”是否足以成为构成某一法律关系的要件事实，或者阻碍构成某一法律关系的要件事实。

综上可知，法律事实是指构成或阻碍法律关系的要件事实，包含法律事件与法律行为。其一，引起民事法律关系的产生。例如，签订了买卖合同，买方有请求卖方交付出卖物的权利和支付价款的义务，卖方有请求买方支付货款的权利和向买方交付出卖物的义务。只有通过法律事实，才能使民事法律所规定的权利义务，转化为当事人实际享有的权利和承担的义务。其二，引起民事法律关系的变更。因法律事实的出现而导致民事法律关系的变更通常包括：主体

---

① 王利明：《民法总则研究》，中国人民大学出版社 2018 年版，第 157 页。

② 王利明：《民法总论》，中国人民大学出版社 2016 年版，第 90 页。

变更（权利主体或义务主体发生变化）、内容变更（主体享有的民事权利和承担的民事义务在范围和性质上发生变化）和客体变更（客体发生变化）。例如，由于法人的合并和分立，导致债的关系中的主体发生变更。其三，引起民事法律关系消灭，使主体之间的权利义务不再存在。例如，因物质资料被消费，使该物的所有权关系消灭；债务的清偿使债的关系消灭等。

二、法律事实的持续

“民事法律事实可按其发生的形态分为瞬间性法律事实和持续性法律事实，瞬间性法律事实发生的时间是一个‘点’，持续性法律事实发生的时间是一条不断延伸的‘线’。”[①] 笔者认为，事实的持续只可能包含两种情形：其一，某一事实本身即具有持续性；其二，某一事实包含若干事实，前后事实具有时间上的延续。

关于第一种情形，较为普遍的是侵权行为持续发生，如妨害物权的行为跨越新旧法。在此过程中，随着行为人的侵害行为、妨碍行为的持续，权利人所受到的损害也在持续增加，因此，在基于行为人的行为而产生的新的法律关系中，随着行为人行为的持续，权利人对行为人享有的权利内容也在持续受到影响并发生变动，如可主张损害赔偿金额的持续增长。另外，关于“违约”是否能够认定为“法律事实的持续”还存在争议，比如，一种观点认为，违约行为的持续即属于法律事实的持续，故对于违约行为持续至民法典施行之后的案件，应根据《最高人民法院关于适用〈中华人民共和国民法典〉时间效力的若干规定》第一条第三款的规定，适用民法典；一种观点认为，合同履行产生的争议发生在民法典施行前的，根据《最高人民法院关于适用〈中华人民共和国民法典〉时间效力的若干规定》第二十条之规定，应适用当时的法律、司法解释的规定。笔者认为，违约应当视为“法律事实的持续发生”，因为违约是一类法律行为，且该法律行为能够引起法律关系的变动，而仅仅是因为合同本身产生争议，则不能视为“法律事实的持续发生”，因为基本合同本身产生的争议实

① 参见最高人民法院研究室：《最高人民法院民法典时间效力司法解释理解与适用》，人民法院出版社2021年版，第238页。

际上是在签订合同这一瞬时即发生，缺乏法律事实的持续性。

关于第二种情形，一个事实如果可能分割为多个事实，且多个事实是某一法律关系发生变动的要件事实，那么，前后多个事实在时间上就可能存在连续性。此时，即视为“法律事实持续”。比如，《最高人民法院关于适用〈中华人民共和国保险法〉若干问题的解释（一）》第三条规定：保险合同成立于保险法施行前而保险标的转让、保险事故、理赔、代位求偿等行为或事件，发生于保险法施行后的，适用保险法的规定。《最高人民法院关于适用〈中华人民共和国侵权责任法〉若干问题的通知》第二条规定：侵权行为发生在侵权责任法施行前，但损害后果出现在侵权责任法施行后的民事纠纷案件，适用侵权责任法的规定。“大部分民事法律关系会持续经过一个时间段，如果它们正好跨越新旧法律的交替，即构成要件的成就发生在旧法的时间效力范围，但法律关系持续至新法适用开始；或者部分构成要件的成就发生在旧法适用期，部分又发生在新法开始发生效力之后。这类持续性的法律关系在各个法律领域都可以找到：所有权、合同、婚姻、继承，以及对外国人给予的居留许可等。”①

三、本案法律事实非持续性

《最高人民法院关于适用〈中华人民共和国民法典〉时间效力的若干规定》第一条第二款规定“民法典施行前的法律事实持续至民法典施行后，该法律事实引起的民事纠纷案件，适用民法典的规定，但是法律、司法解释另有规定的除外”。中的“法律事实持续至民法典施行后”应当理解为，法律事实是引起民事法律关系变动的因素，如果民事法律关系即时完成，则可以在该时间节点上区分新法或者旧法，如果该法律事实持续延续到新法实施，则应当适用新法。一般来说，持续发生的事实主要是指对物权的持续妨碍、侵权行为的持续以及合同上的违约，为什么此种持续需要在新法中予以评价，关键在于在新法实施后，该事实依然属于引起法律纠纷的法律行为。在本案中，田某在2019年11月19日的借条中签字作为担保人这一事实，在签字后即完成，这一行为是即时

① 贺栩栩：《法的时间效力界限与法的稳定性——以德国民法为研究视角》，载《环球法律评论》2011年第5期。

完成的而不是持续的，因为签字作为担保人这一行为不可能持续进行，因此应当适用当时的法律而不能适用民法典中关于担保的规定，据此，根据《中华人民共和国担保法》第二十一条规定："保证担保的范围包括主债权及利息、违约金、损害赔偿金和实现债权的费用。保证合同另有约定的，按照约定。当事人对保证担保的范围没有约定或者约定不明确的，保证人应当对全部债务承担责任。"第十九条规定，当事人对保证方式没有约定或者约定不明确的，按照连带责任保证承担保证责任。田某应当对本案借贷债务承担连带保证责任。

编写人：重庆市第四中级人民法院　李皓轩

7

债务加入属于要式合同，当事人主张债务加入的，应参照保证合同

——汤某诉许某某、祝某民间借贷案

【案件基本信息】

1. 裁判书字号

江苏省无锡市中级人民法院（2023）苏 02 民终 6044 号民事判决书

2. 案由：民间借贷纠纷

3. 当事人

原告（被上诉人）：汤某

被告（上诉人）：许某某

被告：祝某

【基本案情】

2012 年 5 月 12 日，汤某给祝某银行转账 7 万元。2019 年至 2020 年，祝某

先后三次向汤某出具借条，载明借款数额与归还日期。

汤某数次向许某某通过电话方式催要款项并进行录音。其中，2021 年 11 月 15 日的录音中，汤某说“你把祝某的钱还掉就完事了”，许某某说“晓得、晓得”，汤某说“你也答应的”，许某某说“好的，你放心，放心”。2021 年 11 月 27 日录音中，汤某说，“我想我们把这个事情了结掉，你答应过我帮祝某还钱的”，许某某说“嗯嗯，晓得了，晓得了”。2022 年 1 月 30 日录音中，汤某说，“钞票还掉就完事了，14 万元”，许某某说“嗯嗯”。2022 年 12 月 12 日的录音中，汤某说，“你一直说帮祝某还这个 14 万元”，许某某“我知道了”。

因祝某、许某某未能还款，汤某向江阴市人民法院起诉，请求祝某、许某某共同归还借款 14 万元及利息（自到期日起至实际还款之日止，按年息 10%计算）。

【案件焦点】

许某某是否构成债务加入。

【法院裁判要旨】

江苏省江阴市人民法院经审理认为：汤某提供的录音证据表明 2021 年 11 月 15 日至 2022 年 12 月 12 日汤某或其配偶陆续通过电话向许某某催要还款，许某某在电话中多次承诺归还款项，应认定构成债务加入的意思表示，故汤某主张许某某对于祝某所欠债务承担共同还款责任，予以支持。

江苏省江阴市人民法院依照《中华人民共和国民法典》第五百五十二条，《中华人民共和国民法通则》第九十条，《中华人民共和国合同法》第二百零六条、第二百零七条，《最高人民法院关于审理民间借贷案件适用法律若干问题的规定》第二十四条第二款，《中华人民共和国民事诉讼法》第六十七条、第一百四十七条之规定，作出如下判决：

一、祝某、许某某应于判决发生法律效力之日起十日内偿还汤某借款 14 万元及利息（自 2021 年 1 月 1 日起至实际给付之日止，按年利率 3. 65%计算）；

二、驳回汤某的其他诉讼请求。

许某某持原审答辩意见提起上诉。江苏省无锡市中级人民法院经审理认为：债务加入参照保证担保的相关法律规定，而保证合同是要式合同，必须具备法律规定的书面形式，口头的保证不能成立保证合同。本案中，汤某以其与许某某的通话录音来主张债务加入的责任，依据不足，不予支持。

江苏省无锡市中级人民法院依照《中华人民共和国合同法》第二百零六条、第二百零七条，《最高人民法院关于审理民间借贷案件适用法律若干问题的规定》（法释〔2020〕17 号）第二十四条第二款，《中华人民共和国民事诉讼法》第一百七十七条第一款第二项的规定，作出如下判决：

一、撤销江阴市人民法院（2023）苏 0281 民初 1810 号民事判决；

二、祝某应于判决发生法律效力之日起十日内偿还汤某借款 14 万元及利息（自 2021 年 1 月 1 日起至实际给付之日止，按年利率 3.65%计算）；

三、驳回汤某的其他诉讼请求。

【法官后语】

一、债务加入是否属于要式合同，目前法律尚无明确规定

债务加入，又称并存的债务承担，是指第三人自愿加入债权债务关系之中，成为合同当事人，与债务人共同向债权人承担连带清偿责任。债务加入本质上是一种增信措施，但长期以来，我国法律缺乏关于债务加入的明文规定，导致在司法实践中对于债务加入的性质认定、构成要件以及设定方式形式存在一定的分歧，在许多案件裁判中，法院并不要求债务加入须签订书面合同。《全国法院民商事审判工作会议纪要》（以下简称《九民会议纪要》）出台之后，其第二十三条确立了债务加入准用担保规则，但是出现的语境是在关于公司为他人提供担保章节，明确的规则也仅为公司对外进行债务加入须参照公司为他人提供担保的规则进行股东会或董事会决议，对于其他争议事项未作出明确回应。《九民会议纪要》第九十一条及最高人民法院出台的《全国法院民商事审判工作会议纪要理解与适用》中，指出了信托合同之外的当事人提供的增信措施的承诺文件存在保证、债务加入、独立合同三种可

能，并就债务加入与保证担保的区分提供了指导意见，但亦未明确债务加入是否属于要式合同。[①] 其后颁布的《中华人民共和国民法典》（以下简称《民法典》）第五百五十二条在法律层面对债务加入进行定义，即“第三人与债务人约定加入债务并通知债权人，或者第三人向债权人表示愿意加入债务，债权人未在合理期限内明确拒绝的，债权人可以请求第三人在其愿意承担的债务范围内和债务人承担连带债务”。《最高人民法院关于适用〈中华人民共和国民法典〉有关担保制度的解释》第三十六条对于第三人向债权人提供差额补足、流动性支持等类似承诺文件作为增信措施，区分为保证、债务加入的规定，实际上是对《九民会议纪要》第九十一条的扩展与延续，并不能以此反推法律规定债务加入必须采用书面合同的形式。

二、债务加入参照保证的相关规则，应当签订书面合同

从债务加入的立法路径来看，其作为一种增信措施，参照了保证的相关规则。无论是《中华人民共和国合同法》还是《民法典》均规定保证合同属于要式合同，须签订书面合同，这是因为保证合同一般对于保证人而言是一种完全的负担行为，或者相对于保证责任而言，其保证所取得的收益并不对等。因此，在立法时，对于当事人签订保证合同及其他担保合同时提出了审慎要求，即明确要求以书面形式订立，目的是督促双方当事人进行充分的磋商，认真制定合同内容，明确约定权利义务，慎重决定是否签订合同。而债务加入，相对于保证而言，是一种负担更重的增信措施。首先，保证合同的主债务履行期限届满后主债务人迟延履行的，债权人才能向保证人追偿，而债权人有权直接要求债务加入人按照约定付款，无须受到主债务履行期限的限制。其次，债权人向保证人追偿需受到保证期间与诉讼时效的双重限制，而债务加入具有独立性，无须受到保证期间的限制，对于已经超过诉讼时效的债务，债务加入人一旦作出偿付的意思表示即应当承担责任。再次，在人保与物保并存时，若未约定担保权利行使顺序，债权人应当先对债务人自己提供物保实现债权，而债务加入人

① 最高人民法院民事审判第二庭编著：《全国法院民商事审判工作会议纪要理解与适用》，人民法院出版社2020年版。

负担的债务与担保合同彼此独立，债权人可以跨过债务人提供的物保，直接要求债务加入人进行偿付。最后，保证合同属于从合同，主合同无效时，保证合同无效，保证人仅需根据过错承担一定比例的责任，而债务加入人对于合同无效后债务人应当承担的相关责任仍须承担连带责任。鉴于法律对于保证合同的签订有审慎要求，严格规定必须以书面形式订立，举轻以明重，对于责任负担更重，付出与收益更不对等的债务加入人而言，更应当要求当事人以书面形式订立合同。

编写人：江苏省无锡市中级人民法院　尹慧　刘英

8

民法典第五百七十八条“预期违约责任”的理解与适用

——陈某诉李某民间借贷案

【案件基本信息】

1. 裁判书字号

福建省永春县人民法院（2022）闽0525民初1610号民事判决书

2. 案由：民间借贷纠纷

3. 当事人

原告：陈某

被告：李某

【基本案情】

2021年10月8日，李某因生意周转资金困难向陈某借款126420元，借款期限自2021年10月8日起至2022年7月31日止，共10个月。双方未约定借款利息，借款人承诺于2022年7月31日前分期偿还，最多不超过10期。截至2022年2月28日，李某仅偿还4935元，经陈某多次催讨，李某于2022年2月

28日通过线上向陈某重新出具借条一份，借条约定：李某向陈某以现金方式借款121485元，借款本金分6期偿还，于2022年2月起每月28日前偿还陈某20247.5元，直至上述款项全部还清为止。如李某不能于2022年7月28日前按期足额偿还则构成违约，逾期金额应按年利率15%向陈某支付违约金。违约方应承担出借人实现债权的费用，包括诉讼费、律师代理费、差旅费及其他实际因实现债权而支出的费用。借条出具后，李某未如期偿还借款，仅于2022年3月24日偿还2265元。

陈某于2022年4月18日起诉至法院，请求判令李某立即支付借款119220元及以所欠款项为基数自2022年7月29日起按年利率15%计算的违约金等。

【案件焦点】

借款人出具了分期还款承诺的借条，但实际并未履行前期已届满的债务，债权人可依法根据民法典第五百七十八条的规定，主张所有未到期债务“加速到期”，在履行期限届满前请求其承担违约责任。

【法院裁判要旨】

福建省永春县人民法院经审理认为，陈某与李某的借贷关系，有李某出具给陈某收执的借条及庭审陈述为据，依法成立有效。依借条约定，从2022年2月起，李某均未按期足额偿还借款，已构成违约，故陈某有权要求李某偿还自2022年2月至2022年5月共计4个月的借款本金80990元。关于陈某能否主张所有未到期债务“加速到期”（即要求李某提前偿还2022年6月及2022年7月的未到期债务40495元）的问题，因李某已连续四期未按约定足额偿还借款，其已经以自己的行为表明不履行还款义务，致使陈某丧失对李某将来可以履行未到期债务的信任，出借人陈某及时足额获偿借款的合同目的即将落空，李某已构成预期违约，故陈某就全部债务提起诉讼。根据《中华人民共和国民法典》第五百七十八条“当事人一方明确表示或者以自己的行为表明不履行合同义务的，对方可以在履行期限届满前请求其承担违约责任”的规定，对陈某要求李某立即偿还全部未到期债务的诉求，予以支持。

福建省永春县人民法院依照《中华人民共和国民法典》第五百七十八条、第六百七十五条、第六百七十六条，最高人民法院《关于审理民间借贷案件适用法律若干问题的规定》第二十五条、第二十九条，《中华人民共和国民事诉讼法》第一百四十七条规定，作出如下判决：

一、李某应于本判决发生法律效力之日起十日内偿还陈某借款119220元，并支付从2022年7月29日起至实际还清款项之日止以未付清款项为基数按年利率14.8%计算的违约金；

二、李某应于本判决发生法律效力之日起十日内支付陈某律师代理费6000元；

三、驳回陈某的其他诉讼请求。

一审判决后，当事人均未上诉，判决已生效。

【法官后语】

本案为民间借贷纠纷案件审理中适用“预期违约责任”提供了实践样本，具有一定的参考价值。

在审理过程中发现该民间借贷纠纷属于分期还款的债务，截至原告起诉时尚有部分债务未到期。那么，原告能否主张所有未到期债务“加速到期”，即要求被告提前偿还2022年6月及2022年7月的未到期债务？首先，《中华人民共和国民法典》（以下简称《民法典》）第五百七十八条“预期违约责任”可以这样理解：(1)“表明不履行合同义务”中的“义务”是履行期限未届满的义务。(2)“表明不履行”有明示表示和默示表示两种，明示以声明表态为典型形态；默示则以行为表态，比如濒临破产、资不抵债、法人已无运营迹象或下落不明等。(3)“违约责任”包括合同双方约定的违约责任，如在分期还款协议中约定不履行任何一期债务，则债权人有权立即要求偿还全部债务；也包括虽未约定，但剩余未到期债务加速到期这一形式。《民法典》第五百七十七条关于违约责任形式的规定，包括了继续履行、采取补救措施或者赔偿损失等形式，因此，未到期债务加速届满这一违约责任方式显然属于“继续履行、采取补救措施或者赔偿损失等违约责任”范围之内。

其次，对于违约方不履行合同义务达到何种程度，可以导致未到期债务加速届满，法律未再作总则性规定，仅是在买卖合同一章中作了具体规定，即第六百三十四条第一款“分期付款的买受人未支付到期价款的数额达到全部价款的五分之一，经催告后在合理期限内仍未支付到期价款的，出卖人可以请求买受人支付全部价款或者解除合同”，该规定虽然不能适用于民间借贷，但其立法意旨非常明确，即负担义务一方在履行期限未到之前明示或以自身行为表示无法履行合同义务，使享有权利一方丧失了在履行期限届满前的合理利益期待，且这种合理利益期待丧失到相当程度时，则权利一方当然有权进行对抗，即要求对方立即履行全部债务或解除合同，避免因这种预期违约行为持续到履行期限届满时遭受到更大的损失。换言之，负担义务一方的预期违约行为有可能使合同主要目的落空时，守约一方即获得起诉要求清偿全部债务或解除合同的权利。民间借贷纠纷案件中，借款人明确表示无经济能力履行未到期债务，或未履行已到期债务，致使债权人丧失债务人将来可以履行未到期债务的信任时，那么出借人及时足额获偿借款本息的合同目的即将落空，所以出借人必须就全部债务及时起诉。显然，对违约方预期违约程度与其要承担的违约责任如何匹配的判断，基本上属于法官的自由裁量权，但一定要满足使合同主要目的即将落空这一要件，否则无法成就未到期债务加速届满这一责任后果。

最后，在民间借贷纠纷案件中，预期违约行为致使未到期债务加速届满的判断，笔者认为应从宽掌握。原因分析如下：第一，民间借贷中的出借人获偿本息的利益期待绝大部分没有可靠保障，同时对于借款人不履行还款义务并无有效制约手段，特别是在我国民间借贷行为抵押率不高、信用担保人形同虚设的情形之下。而在其他合同中，债权人对债务人的制约手段不似民间借贷债权人这般无力。如买卖合同，出卖人可以用拒不发货抗拒出卖人拒不先行支付货款的违约行为；如租赁合同，出租人可以要求承租人搬离房屋等方式制约承租人拒绝先行支付租金的行为。第二，民间借贷中的出借人，并不能像借款合同中的金融机构一样，在提供借款后对借款用途作实质性的监管。即民间借贷中一旦实际提供了借款，实际上就变成了单务合同，仅存在借款人向出借人按约还款的义务，此时合同的风险全部加之于出借人之上。借款人任何与履行能力降低相关的行为或变动，均会使合同风险骤然升高，使出借人丧失合同利益期待，此时就必须及时赋予出借人就剩余未到期债务的诉权。

法院认为，因被告已连续四期未按约定足额偿还借款，其已经以自己的行为表明不履行还款义务，致使原告丧失对被告将来可以履行未到期债务的信任，出借人原告及时足额获偿借款的合同目的即将落空，被告已构成预期违约，故原告就全部债务提起诉讼。根据《民法典》第五百七十八条“当事人一方明确表示或者以自己的行为表明不履行合同义务的，对方可以在履行期限届满前请求其承担违约责任”的规定，对原告要求被告立即偿还全部未到期债务的诉求，予以支持。故判决被告偿还原告全部尚欠借款及违约金等。

编写人：福建省永春县人民法院　王淑芬

9

买卖合同不能履行时，返还价款的非典型担保认定与效力

——门业公司诉机床公司与破产有关的纠纷案

【案件基本信息】

1. 裁判书字号

江苏省无锡市中级人民法院（2023）苏02民终3895号民事判决书

2. 案由：与破产有关的纠纷

3. 当事人

原告（反诉被告、被上诉人）：门业公司

被告（反诉原告、上诉人）：机床公司

【基本案情】

2019 年 10 月 14 日，门业公司法定代表人顾某某与机床公司签订《转让协议》，约定机床公司将其名下房屋转让给顾某某，转让价格为 1700 万元。经查，该土地上的房屋因未取得建设用地规划许可证而无法办理产权登记，无法分割过户。

同日，顾某某与机床公司签订了《借款协议》《最高额抵押设立协议》，约定由顾某某出借给机床公司 1700 万元，机床公司用其名下的 14.38 亩土地设定抵押担保，抵押金额不少于 2800 万元，双方就此办理了 2800 万元的最高额抵押登记。同日，门业公司与机床公司签订租赁合同，约定机床公司将前述土地及土地上厂房出租给门业公司使用，但未约定租金、租期等条款。

其后，门业公司与机床公司又重新签订了《转让协议》，将转让土地的面积增加为 19.53 亩，价款增加为 2200 万元。2019 年 10 月至 2020 年 1 月，顾某某向机床公司支付了全部 2200 万元价款，机床公司将 19.53 亩土地及土地上的房屋交付给门业公司占有使用。在双方交易期间，顾某某与机床公司的法定代表人周某多次就合同签订事宜通过微信进行协商，顾某某对于案涉土地上的房屋未能取得建设用地规划许可证，案涉土地房屋目前无法分割过户属于明知，在明知买卖合同可能无法履行的情况下，双方又签订了借款合同（约定最高额抵押）及租赁合同，双方约定如果买卖合同不能履行，则由顾某某主张借款合同和租赁合同，用来保障顾某某的权益。

2022 年 4 月 28 日，无锡市锡山区人民法院裁定受理机床公司破产申请一案，管理人在接手机床公司之后，于 2022 年 7 月向门业公司发送了《通知书》，通知门业公司与机床公司签订的《租赁合同》于 2022 年 6 月 28 日解除，要求门业公司申报债权并限期搬离。门业公司遂向无锡市锡山区人民法院起诉。

【案件焦点】

1. 案涉《转让协议》的效力，诉争土地及房产是否属于机床公司的破产财产；2. 案涉《租赁合同》的效力，管理人是否有权解除租赁合同。

【法院裁判要旨】

江苏省无锡市锡山区人民法院经审理认为：门业公司（顾某某）与机床公司的真实意思为2200万元的《转让协议》，《转让协议》有效，《租赁合同》为虚假意思表示，《租赁合同》无效。因门业公司与机床公司在案涉土地房产被查封前已经签订了合法有效的合同，门业公司已经支付全部2200万元价款，并已经实际占有使用了案涉土地房产，故一审法院确认案涉 19.53 亩土地及地上的房产不属于机床公司的破产财产，鉴于目前尚不具备办理过户登记的条件，对于门业公司过户请求不予支持。

江苏省无锡市锡山区人民法院依照《中华人民共和国民法典》第一百四十六条、第二百一十条、第二百一十四条、第五百零九条、第五百九十五条，《中华人民共和国企业破产法》第三十条，《中华人民共和国民事诉讼法》第六十七条、第一百四十五条，《最高人民法院关于适用〈中华人民共和国民事诉讼法〉的解释》第二百三十三条之规定，作出如下判决：

一、确认 19.53 亩土地及该土地上的房产不属于机床公司的财产；

二、驳回门业公司的其他本诉请求；

三、驳回机床公司的全部反诉请求。

机床公司持原审答辩意见及反诉意见提起上诉。江苏省无锡市中级人民法院经审理认为：从双方的真实意思来看，双方的本意是由机床公司将案涉土地及厂房出售给门业公司，为了保证买卖合同的履行以及买卖合同不能履行后门业公司可能遭受的损失得以偿付，双方又订立了借款合同、最高额抵押合同及租赁合同，后三者可以视为一种非典型担保。因此，案涉买卖合同、借款合同、最高额抵押合同、租赁合同均系双方的真实意思表示。针对本诉，首先，案涉《转让协议》涉及国有土地使用权和地上建筑物所有权分割转让，属于须经批准方能生效的合同。目前机床公司已经破产，管理人有权为全体债权人利益需要选择是否继续履行报批义务，现管理人已经明确表示不履行报批义务。其次，买受人对登记在被执行人名下的不动产排除执行的条件之一，是在人民法院查封之前已签订合法有效的书面买卖合同，本案《转让协议》并未生效，不满足前述排除执行的条件。最后，案涉转让合同所涉房屋属于未取得合法建造手续的建筑，该类建筑的认定和处理属于国家有关行政机关的职权范围，门业公司对于案涉房屋的确权请求超出民事案件的审理范围。故对于门业公司的本诉请求，不能支持。针对反诉请求，双方在租赁合同中未约定租赁期限，其后亦未就租赁期限磋商达成一致，案涉租赁合同应视为不定期租赁，2022 年 7 月，机床公司管理人向门业公司发出《通知书》，要求解除租赁合同，考虑到门业公司合理的搬迁时间，故确认机床公司与门业公司的租赁合同于 2022 年 9 月 30 日解除。

江苏省无锡市中级人民法院依照《中华人民共和国合同法》第四十四条、第二百三十二条，《中华人民共和国企业破产法》第十八条，《中华人民共和国城镇国有土地使用权出让和转让暂行条例》第二十五条，《最高人民法院关于人民法院办理执行异议和复议案件若干问题的规定》第二十八条，《中华人民共和国民事诉讼法》第一百七十七条第一款第二项之规定，作出如下判决：

一、确认门业公司与机床公司 2019 年 10 月 14 日签订的《租赁合同》于 2022 年 9 月 30 日解除；

二、门业公司在判决生效之日起十日内向机床公司返还机床公司名下 19.53 亩土地及该土地上的房产；

三、驳回门业公司的本诉请求；

四、驳回机床公司的其他反诉请求。

【法官后语】

一、非典型担保与通谋虚伪的意思表示的区别

《中华人民共和国物权法》所确定的物权法定主义，面对日益革新的交易模式显示出的滞后性，实践中深受诟病，司法实践中对于让与担保等非典型担保已经逐渐给予了合法性评价。立法机关在制定《中华人民共和国民法典》（以下简称《民法典》）时对物权法定主义采取了缓和的态度，对非典型担保合同的效力予以了认可，并通过《最高人民法院关于适用〈中华人民共和国民法典〉有关担保制度的解释》（以下简称《担保制度司法解释》）进一步明确

和细化了非典型担保的规则。本案中，门业公司与机床公司签订转让协议，约定由门业公司购买机床公司的土地厂房，但是因为该土地厂房不具备分割过户的条件，门业公司又与机床公司签订了借款合同、最高额抵押合同及租赁合同，一审法院认为双方的真实意思是转让合同，而其他合同则是通谋虚伪的意思表示，是实践中很常见的一种认识误区。实际上非典型担保物权制度通过交易习惯到学说论证，从司法判例到立法得以确认，最具代表性的突破，即是其摆脱了“虚伪表示”的嫌疑。通谋虚伪的意思表示，并非双方追求的真实法律效果，其作用仅为掩饰双方真实意思，即其追求的仅为一种法律效果。非典型担保所体现的伪装行为，并非在于掩饰双方之间真实的交易关系，而是为了担保真实交易关系的履行，故其体现了当事人对于两种法律效果的追求，一是交易，二是担保。

二、民法典非典型担保物权的认定条件

《民法典》第三百八十八条规定，担保合同包括抵押合同、质押合同和其他具有担保功能的合同，扩大了担保合同的范围，承认了各类具有担保功能的合同在债法上的效力。其中，合同编对于融资租赁、保理、所有权保留合同等实践中已经普遍存在并在长期的司法实践中已经达成共识的非典型担保，明确了法律适用规则，对于尚未典型化的交易，也提供了一个准用典型担保的规则的窗口。《担保制度司法解释》第五十三条规定，当事人在动产和权利担保合同中对担保财产进行概括描述，该描述能够合理识别担保财产的，人民法院应当认定担保成立。即双方当事人对于担保财产的描述足以把担保财产从担保人的责任财产中区隔出来，满足担保财产的特定性的，则担保设立；反之则未设立。结合《民法典》第二百零八条规定，不动产物权的设立、变更、转让和消灭，应当依照法律规定登记，动产物权的设立和转让，应当依照法律规定交付。可以看出通常情况下，非典型担保物权的设立，需要满足签订具有担保功能的合同，且合同对于担保财产的描述能够合理地识别担保财产，且该担保如果是不动产应当完成登记公示，如果是动产则应完成交付。

三、本案中非典型担保物权的识别

本案中，结合双方当事人对于合同签订过程的陈述，门业公司在与机床公司签订转让协议时即已意识到机床公司可能破产，在破产程序中管理人可能会拒绝继续履行转让协议，双方通过签订借款合同、最高额抵押合同从而设立最高额抵押权的方式来确保价款返还，可以认定门业公司与机床公司签订借款合同、最高额抵押合同具有担保性质，只是比较特殊的是，前述合同并非为了担保转让协议的履行，而是为了担保转让合同不能履行时价款的返还，借款合同、最高额抵押合同对于设定担保的财产范围描述清晰，且已经办理抵押登记，因此，可以认定担保物权已经设立。需要说明的是，鉴于现有物权登记公示的类型有限，对于非典型化的交易，可能会出现登记公示依据的法律关系与实际法律关系不一致的情形，在此情况下，也应当肯定登记公示所带来的物权变动的效力。此外，门业公司还与机床公司签订了租赁合同，一方面是为了增加自己占有使用案涉土地房产的合法性，在转让协议解除之后，可以租金冲抵机床公司应当返还的价款；另一方面是为了利用“买卖不破租赁”的原则，确保即使机床公司进入破产处置，也能保证其持续占有使用案涉土地房产。双方当事人通过签订租赁合同，利用现有法律规则组合出一种新型的权利，这种权利亦具有担保功能，并通过占有方式完成了公示，故担保物权也已经设立。只不过因为双方当事人签订的租赁合同存在瑕疵，导致在诉讼中被解除，部分担保功能最终未能实现。

编写人：江苏省无锡市中级人民法院　尹慧　刘英

10

“借新还旧”中的“旧贷”与“新贷”应具有同一性和关联性

——商贸公司诉余某等民间借贷案

【案件基本信息】

1. 裁判书字号

湖北省武汉市汉阳区人民法院（2022）鄂 0105 民初 14012 号民事判决书

2. 案由：民间借贷纠纷

3. 当事人

原告：商贸公司

被告：余某、房产公司、张某

【基本案情】

2020年1月19日，余某向商贸公司借款2000万元并出具《借款借据》，指定将该款汇入房产公司账户，约定借期三个月，月息2%，房产公司在担保人处加盖公章。余某与张某系夫妻关系，二人合计持有房产公司99.1918%股份，余某担任法定代表人。

借据出具后，商贸公司向房产公司支付了上述借款。2020年4月至8月期间，余某委托案外人向商贸公司共支付利息280万元。2020年4月至5月期间，商贸公司委托案外人向房产公司共转账2000万元，商贸公司的法定代表人与房产公司的财务人员有多次“调账”的短信来往，房产公司收到上述转款后随即将款项转入商贸公司账户。第一笔借款到期后，余某未能依约还款，也未继续支付利息，遂成讼。商贸公司主张余某、房产公司、张某共同返还本金并支付利息。三被告均认为商贸公司2020年4月至5月期间委托案外人向房产公司的转账属于“借新还旧”，借款主体已发生变化，余某不应再作为借款人承担责任，房产公司应作为新的借款人而非担保人承担责任，且“新贷”并未约定借期与利息，余某2020年6月之后的还款应计入本金。张某除认为本案属于“借新还旧”外，还认为案涉借款不属于夫妻共同债务。

【案件焦点】

1. 案涉借款能否认定为“借新还旧”；2. 案涉借款的债务人是否发生变化；3. 房产公司的担保责任是否消灭。

【法院裁判要旨】

湖北省武汉市汉阳区人民法院经审理认为：本案争议焦点主要在于：

一、商贸公司委托案外人向房产公司的转账是否属于“借新还旧”；二、房产公司应当作为担保人还是变更后的债务人承担责任；三、案涉债务是否属于夫妻共同债务。

一、余某向商贸公司借款并出具借据确认，双方民间借贷关系依法成立。关于“借新还旧”的问题，首次借款的借款人为余某，担保人为房产公司，而2020年4月至5月转账的款项接收人为房产公司，虽然余某系房产公司的法定代表人，但房产公司系独立的法人主体，拥有独立法人财产，两次资金往来的借款主体并不相同。且房产公司收到上述转款后，并未以借款人的身份与商贸公司订立借款合同或借据确认新旧贷款关系问题，也未收回余某出具的借据，双方未约定巨额借款的利息、借期，也未签订书面合同的行为有悖常理，亦不符合通常意义上“借新还旧”的形式，商贸公司主张因公司账目无对应发票故需以“调账”的方式平账的理由更符合实际情况，故湖北省武汉市汉阳区人民法院对三被告主张的“借新还旧”的辩称理由不予采信。

二、因案涉借款不属于“借新还旧”，故借款人主体并未发生变化，余某应作为借款人承担还款责任，房产公司应当作为担保人在法律规定的范围内承担担保责任。

三、余某与张某分别担任房产公司的法定代表人以及董事，二人占股比例合计达到99.1918%，案涉借款直接支付至房产公司账户，用于公司生产经营，借款发生在其夫妻关系存续期间内，属于夫妻共同债务，张某应与余某对案涉债务承担共同还款责任。

湖北省武汉市汉阳区人民法院依照原《中华人民共和国合同法》第一百零七条、第一百九十六条、第二百零五条、第二百零六条、第二百零七条，《最高人民法院关于审理民间借贷案件适用法律若干问题的规定》第二十二条、第二十五条、第三十一条第二款，原《最高人民法院关于审理涉及夫妻债务纠纷案件适用法律有关问题的解释》第三条，《最高人民法院关于适用〈中华人民共和国民法典〉时间效力的若干规定》第一条第二款及《中华人民共和国民事诉讼法》第一百四十五条的规定，判决如下：

一、被告余某于本判决发生法律效力之日起十日内向商贸公司偿还借款本金 2000 万元；

二、被告余某于本判决发生法律效力之日起十日内向商贸公司支付截至 2022 年 7 月 20 日的利息 5747333.33 元，后续利息应以 2000 万元为本金，按照全国银行间同业拆借中心公布的一年期贷款市场报价利率（LPR）的标准的四倍，向商贸公司支付自 2022 年 7 月 21 日起至借款本金清偿之日止的利息；

三、被告房产公司对上述第一项、第二项债务承担共同还款责任；

四、被告张某对上述第一项、第二项债务承担共同还款责任。

判决后，双方当事人均未上诉，本判决现已生效。

【法官后语】

“借新还旧”并非真正的金融专业术语和法律概念，其基本内涵是指债权人与债务人在旧的贷款尚未清偿的情况下，再次签订贷款合同，以新贷出的款项清偿部分或者全部旧的贷款。这种操作模式被我国金融机构普遍采用，作为保全资产和化解不良贷款的重要方式，亦在公司为主体的借贷实践中对担保责任有着重要影响。此前，曾有观点认为“借新还旧”并未改变债权债务关系，仅系以“新贷”实现对“旧贷”的展期，但是，最高人民法院在《全国法院民商事审判工作会议纪要》对“借新还旧”的担保物权已明确为：“贷款到期后，借款人与贷款人订立新的借款合同，将新贷用于归还旧贷，旧贷因清偿而消灭，为旧贷设立的担保物权也随之消灭。贷款人以旧贷上的担保物权尚未进行涂销登记为由，主张对新贷行使担保物权的，人民法院不予支持，但当事人约定继续为新贷提供担保的除外。”依照上述纪要精神，“借新还旧”的性质应属于债务更新，“旧贷”及其之上设定的担保物权随之消灭，若无其他证据证明双方当事人在借新还旧之后存在不消灭就债权债务的意思表示时，新贷偿还旧贷债务之后，旧的债权债务关系随之消灭。

因“借新还旧”直接导致“旧贷”的消灭以及担保人民事责任的消灭，对债权人、担保人均有较大影响，故在审理涉及“借新还旧”的民间借贷纠纷案件时，需要着重审查“新贷”与“旧贷”的当事人是否具有同一性，“新贷”

与"旧贷"之间是否具有关联性。

1. 两笔借贷关系的借贷主体以及真实意思表示应当具有同一性，否则无法判断新旧债务之间的借贷关系是否属于"借新还旧"。虽为两笔借贷关系，但借贷双方的主体身份应具备同一性，本案中新贷的借款人为旧贷的担保人，该明显差异性变化直接影响还款责任主体及担保人责任，但未进行任何书面说明，有悖同一性，此外，法院应当拨开"合法"的外衣，着重考察两次借贷关系的真实意思表示，寻求各方初始意图，作出正确的裁判。

2. 多维度考察两笔借贷关系的关联性。如对双方当事人约定的审查、对新旧借贷形式要件的审查、对借款资金流向的审查、对新旧贷时间节点的契合程度的审查、对借贷过程中转账凭证、附言、沟通记录的审查等，通过多维度的综合判断来确定"借新还旧"的认定。

编写人：湖北省武汉市汉阳区人民法院　刘庄园

11

民间借贷中双方对所欠货款合意转化为借款的借贷关系认定

——张某诉郭某、刘某民间借贷案

【案件基本信息】

1. 裁判书字号

山东省淄博市中级人民法院（2021）鲁03民终1407号民事判决书

2. 案由：民间借贷纠纷

3. 当事人

原告（上诉人）：张某

被告（被上诉人）：郭某、刘某

【基本案情】

郭某自2007年开始从张某处购买煤炭，自2007年10月1日至同年11月30日郭某向张某出具煤炭过磅单125张，购买煤炭2898.56吨。按当时煤炭单价460元计算煤炭款共计1333337.60元，但郭某收到煤炭后一直未付煤炭款。2009年10月30日郭某向张某出具一份125万元的借款协议书，双方约定借款期限为3年，3年内郭某分三次还清本金125万元。郭某没有按照协议约定如期还款，故2011年1月12日又向张某出具一份125万元的借条，并在借条背面注明2011年1月12日前的借条作废。郭某与刘某系夫妻关系，二人已于2012年12月离婚。

张某提起本案诉讼要求郭某与刘某返还借款125万元，其主张经双方协商一致，已将郭某所欠货款转化为借款，且该借款用于郭某、刘某夫妻共同经营，二人应共同承担还款责任。郭某、刘某则认为双方并没有货款结算，故货款转为借款的事实不存在，即便上述事实真的存在也已经超过诉讼时效，不应支持。同时刘某主张对张某与郭某之间的欠款之事不知情，煤炭业务并非夫妻共同经营，且其与郭某早已离婚，不应承担任何责任。

【案件焦点】

郭某与张某对郭某所欠货款是否经双方合意转化为借款。

【法院裁判要旨】

山东省淄博市周村区人民法院经审理认为：当事人之间通过借据、借条等形式将因其他法律关系所产生的金钱债务转化为借款法律关系的行为是双方合意的结果，该行为是否合法有效，应以双方的约定是否合法有效来判断，即应按照相关法律关于民事法律行为的有关规定，审查当事人转化法律关系是否为双方真实意思的表示，有无欺诈、受胁迫等违反法律、行政法规强制性规定的情形。本案中，郭某与张某之间的基础合同关系为买卖合同关系，该买卖合同关系是真实存在的，且不违反法律、行政法规强制性规定，合法有效。但是，根据张某所提交的证据不能证明郭某尚欠货款的具体数额，也不能证明该货款与借条中所载明的借款125万元之间的关联性；根据郭某的答辩意见和质证意见，无法确定张某与郭某之间存在将货款转化为借款的合意，且郭某对张某所主张的以货款转为借款予以明确否认；郭某与刘某已于2012年离婚，且张某未提交证据证明其二人存在共同经营的事实。综上所述，张某所提交的证据既不能证明郭某尚欠货款125万元的事实，也不能证明其与郭某之间存在以货款转为借款的合意，且郭某与张某之间对买卖合同的货款存在较大争议，故张某提起本案诉求缺乏证据支持，不予支持。据此，一审判决驳回张某的诉讼请求。

张某持原审起诉意见提起上诉。山东省淄博市中级人民法院经审理认为：张某向郭某出售煤炭2898.56吨，郭某收了煤炭并开具了过磅单，但一直未向张某支付煤炭款，双方分别于2009年10月30日、2011年1月12日达成借款协议，将所欠煤炭款转为借款，但郭某一直未支付该款，因此郭某主张张某未向其交付借款金额，与事实不符，其否认与张某之间的煤炭款结算转为借款，与双方之间煤炭买卖中其一直拖欠煤炭款的事实相矛盾，不能成立。据此，郭某与张某之间的借款系由郭某所欠张某煤炭款转化而来，郭某应当向张某支付涉案借款125万元。虽然涉案借款发生在郭某与刘某婚姻存续期间，但该涉案金额超出家庭日常生活所需，涉案款项并非用于夫妻共同生活，郭某的煤场并非夫妻共同生产经营，张某主张刘某承担涉案借款的共同还款责任，无事实依据，不予支持。郭某主张张某的起诉超过诉讼时效的主张未提交相关证据证实，不予采纳。据此，二审改判郭某偿还张某借款125万元。

【法官后语】

本案主要涉及民间借贷纠纷中由所欠货款合意转化为借款的借贷关系认定问题。

根据《最高人民法院关于审理民间借贷案件适用法律若干问题的规定》第十四条第一款的规定，原告以借据、收据、欠条等债权凭证为依据提起民间借贷诉讼，被告依据基础法律关系提出抗辩或者反诉，并提供证据证明债权纠纷非民间借贷行为引起的，人民法院应当依据查明的案件事实，按照基础法律关系审理。即原、被告双方对于将非民间借贷行为引起的债权转化为民间借贷中的债权债务关系没有达成一致意见且有明确证据的，法院仍会按照原法律关系进行审理。不过在本案中，原、被告双方原系买卖合同关系，经双方协商一致后，被告为原告出具了借款协议书、借条，可以认定双方将所欠货款合意转化为借款，在此背景下双方形成的借贷关系是否应予认定？从实践来看，双方所欠货款合意转化为借款的借贷关系是可以认定为民间借贷关系的。但是因为债形成原因的多样化，并非所有的货款都是可以转化为借款的，故此类转化是有条件的转化。

首先，应该确保原本的基础法律关系是合法的。货款是基于买卖合同关系产生的，该买卖合同是否真实合法并具备法律效力是首先应该审查的要点。本案中，原、被告之间并没有书面的买卖合同，根据《最高人民法院关于审理买卖合同纠纷案件适用法律问题的解释》第一条第一款规定：当事人之间没有书面合同，一方以送货单、收货单、结算单、发票等主张存在买卖合同关系的，人民法院应当结合当事人之间的交易方式、交易习惯以及其他相关证据，对买卖合同是否成立作出认定。所以一审法院依据原告提交的有被告签字的过磅单认定了双方存在买卖合同关系的事实，即原本的基础法律关系是真实存在的，且不违反法律、行政法规强制性规定，合法有效。

其次，转化行为是合法有效的。因为货款与借款基于不同的法律关系，裁判规则差异较大，所以转化行为本身必须是合法有效的，不存在欺诈、胁迫等违反法律、行政法规强制性规定的情况。在法律实务中存在更多的情形是转化行为并不是双方真实的意思表示，存在瑕疵，故判断转化行为是否合法有效要从双方达成的合意着手。本案中，双方在2009年10月30日、2011年1月12日达成借款协议。借款协议中的借款数额为125万元，原告出示的过磅单显示被告从原告处累计购买煤炭2898.56吨，时年煤炭市场价为每吨460元，累计货款1333337.60元，约定借款数额不超过被告所欠货款，而且被告在2011年1月12日出具的借条背面注明以前的借条作废，这些证据足以证明原、被告双方的买卖关系没有纠纷，对于所欠货款也不存在争议，将货款转化为借款是双方协商一致达成的合意，系真实意思表示，故本案中的转化行为是合法有效的。

最后，买卖双方在借款合同中的约定不违背民间借贷的法律规定。货款转化为借款后，双方之间的买卖合同关系就转化为民间借贷法律关系，必然要受民间借贷法律规定的约束，诸如借款数额、借款利率、违约金等约定都要符合民间借贷的法律规定。本案中双方并未约定利息、违约金，只需要考虑借款金额，而借款金额系双方真实意思表示，所以不存在违反民间借贷相关法律规定的情形。二审法院正是从这三个方面综合考虑，认定原、被告双方将所欠货款转化为借款是双方协商后达成的合意，且不违反法律、行政法规强制性规定，从而对本案作出了公正处理。

买卖双方合意将货款转化为借款后，法院将不再根据基础法律关系进行裁判，可能会导致裁判结果的不同，在实践中买卖双方均需要慎重对待。对于卖方即债权人而言，诉讼中需要有证据证明转化行为系双方合意，所以在转化时要及时保留书面证据，如借条、借款协议以及买卖关系中的合同、对账单等，防止债务人对于借款以事实不存在进行抗辩。对于买方即债务人而言，转化时对需要签订的欠条等书面协议认真审查，防止债权人通过转化行为索取高额利息。只有双方都能够谨慎地对待转化行为，才能够真正让此类转化行为起到定分止争的效果。

编写人：山东省淄博市中级人民法院　荣明潇　杨富元
山东省淄博市周村区人民法院　张蓓

二、保　证

12

商品房担保借款合同中房地产开发企业提供的阶段性担保责任解除应从严认定

——某银行诉宁某、北京置业公司金融借款合同案

【案件基本信息】

1. 裁判书字号

北京市西城区人民法院（2022）京0102民初1606号民事判决书

2. 案由：金融借款合同纠纷

3. 当事人

原告：某银行

被告：宁某、北京置业公司

【基本案情】

某银行与北京置业公司于2016年订立《合作协议》，约定某银行为向北京置业公司购买新建商品房的个人提供购房贷款，北京置业公司在约定期间内为每笔购房贷款提供连带保证责任；因登记机关政策变更，未能办妥抵押登记的，北京置业公司仍承担连带保证责任至办妥之日。北京置业公司章程未明确规定公司对外担保的有权决议机关，但该公司于2016年9月15日召开董事会，决

议同意在与某银行合作中提供上述阶段性担保。

2017年1月19日，宁某因购买北京置业公司的A商品房，与某银行、北京置业公司签订了《借款合同》，约定了借款、还款方式，同时，三方还约定担保方式为抵押加阶段性保证：A房屋抵押登记应于取得不动产权证书之日起90日内办妥，办妥抵押登记前，北京置业公司就上述借款承担连带保证责任。合同签订后，某银行按约放款。

2020年3月，宁某还款逾期，某银行遂向宁某发函，宣布贷款提前到期，要求宁某归还全部欠款，但无果。同年10月，由于政策变动，某银行无法使用宁某先前提供的材料办理抵押登记。为此，某银行曾向宁某发函，要求宁某补充提供符合新政策规定的材料，协助办理抵押登记，但亦无法联系到宁某。上述原因导致某银行收到A房屋不动产权证书后，不能如期办理抵押登记。与此同时，某银行函告北京置业公司，因宁某未履行还款义务，且由于政策变动导致A房屋未办妥抵押登记，要求北京置业公司承担履行连带责任保证义务，但双方就此未能达成一致。某银行遂将宁某、北京置业公司诉至法院。

【案件焦点】

1. 案涉阶段性担保的效力应如何评价；2. 北京置业公司是否应当承担连带保证责任。

【法院裁判要旨】

北京市西城区人民法院经审理认为：依法成立的合同，对当事人具有法律约束力，当事人应当按照约定履行自己的义务。《借款合同》与《合作协议》均是有效合同。某银行依约发放贷款后，宁某应偿还相应款项。

关于阶段性担保效力。根据《中华人民共和国公司法》第十六条第一款规定，公司向其他企业投资或者为他人提供担保，依照公司章程的规定，由董事会或者股东会、股东大会决议；公司章程对投资或者担保的总额及单项投资或者担保的数额有限额规定的，不得超过规定的限额。鉴于此，公司对外担保有效的条件为有权机关对外担保决议有效，且担保合同有效。对于有权机关决议，公司章程未规定有权机关的，董事会决议可被视为适格决议。考虑到阶段性担保之目的在于促进北京置业公司开展自身业务，有利于公司及全体股东的利益，应认定该决议有效。对于有效担保合同，房地产开发企业为促进交易，为购房人提供阶段性担保系商业惯例，北京置业公司作为长期从事房地产开发的公司应予熟知。《合作协议》系按照董事会决议为促进商品房销售而订立，且主要条款均由双方协商并以单独填写的方式记载于合同文本之中，故该协议应属有效。《借款合同》系《合作协议》项下具体业务合同，在《合作协议》所定的受担保项目范围内，故属于有效担保合同。因此，案涉阶段性担保有效。

关于北京置业公司是否应当承担连带保证责任。按照约定，在办妥抵押登记前，北京置业公司应承担连带保证责任。该约定的性质为附解除条件的民事法律行为。本案抵押登记未及时办理系因政策变动导致，在某银行履行了通知义务、宁某未予配合的情形下，不应认定某银行存在恶意阻止抵押权设立、转嫁风险的行为，北京置业公司所负阶段性担保责任解除条件并未成就，仍应承担连带保证责任。

北京市西城区人民法院依照《中华人民共和国民法典》第四百九十六条，《中华人民共和国合同法》第八条、第六十条第一款、第一百零七条、第二百零五条、第二百零六条、第二百零七条，《中华人民共和国公司法》第十六条，《中华人民共和国担保法》第十八条、第二十五条、第二十六条、第二十七条、第三十一条，《中华人民共和国民事诉讼法》第九十五条，《最高人民法院关于适用〈中华人民共和国民法典〉时间效力的若干规定》第一条第二款、第九条之规定，判决如下：

一、被告宁某于本判决生效之日起十日内偿还原告某银行截至2021年9月3日借款本金489243.57元、利息39884.87元、罚息415.4元、复利130.37元，以及自2021年9月4日起至实际清偿之日止的利息、罚息、复利（按《某银行个人购房借款合同（抵押加阶段性保证）》的约定计算）；

二、被告宁某于本判决生效之日起十日内向原告某银行支付律师费1万元；

三、被告北京置业公司对本判决主文第一项、第二项所确定的给付义务及案件受理费、财产保全申请费、公告费承担连带保证责任；被告北京置业公司承担连带保证责任后，有权向被告宁某追偿；

四、驳回原告某银行的其他诉讼请求。

判决后，双方当事人均未上诉，本判决现已生效。

【法官后语】

阶段性担保是商品房买卖中最常见的担保方式，正确处理相关案件是规范商品房交易市场行为、保护商品房交易的安全和稳定、确保人民群众“住有所居”的关键。

一、阶段性担保属商业惯例

实践中，阶段性担保已成为商业惯例。对于房贷，买受人（借款人）以所购房屋提供抵押担保，房地产开发企业则在银行取得抵押权之前提供保证担保。这一安排平衡了买受人、房地产开发企业与银行之间利益。故不应轻易否定阶段性担保的效力，否则将动摇大量期房交易的基础。

二、不宜以决议瑕疵否定阶段性担保效力

《中华人民共和国公司法》第十六条规定，公司对外提供担保时，应依照公司章程的规定，由董事会或者股东会、股东大会决议。该条系对法定代表人代表权限的限制性规定。其法理在于，以公司财产对外提供担保应由公司意思决定，以防止法定代表人越权对外提供担保，损害公司或中小股东利益。因股东权力是公司的最高权力，法律与公司章程未作规定的剩余权力应属股东所有，通过股东会或股东大会行使。但实践中存在大量未经有权决议而对外担保的行为，公司、股东利益与债权人利益需要平衡。为此，《最高人民法院关于适用〈中华人民共和国民法典〉有关担保制度的解释》确立了法定代表人越权对外担保的效力判断规则，即不存在该解释第八条规定的三种可不经决议对外担保的情形下，应考虑相对人是否善意来认定越权行为效力。其法理在于，公司法定治理结构是权力分工制衡、权责明确的；法定代表人的行为受到章程限制；除相对人应知或明知法定代表人越权对外从事民事行为情形外，应保护交易安全与相对人的信赖利益。

对于善意的考察，在商品房交易中还应考量商业惯例。以本案为例，北京置业公司提供阶段性担保系商业习惯行为。商业惯例属于习惯，是大量实践中的利益平衡方案；在法无规定的情形下，具有法律渊源的地位。在阶段性担保已成为商业惯例的情形下，银行有理由相信北京置业公司愿意提供阶段性保证；在审查了北京置业公司的章程与董事会决议后，更应认定某银行善意地与北京置业公司合作。故案涉阶段性担保有效。

三、对于阶段性担保解除条件成就应从严认定

房地产开发企业提供担保的阶段为自购房贷款放款之日起至抵押物抵押登记办妥时止。所购房屋是否能够办妥抵押登记，取决于房屋交付、房地产开发是否合规、房屋登记政策等多种条件，是否能够办妥并不确定，故阶段性担保实为附解除条件的民事法律行为。

如贷款银行恶意阻挠抵押登记的办理，则应视为办妥抵押登记这一条件成就，从而解除房地产开发企业的担保责任。对于恶意阻挠，应从严认定，仅在因银行故意或重大过失导致抵押登记无法正常办理的情形下，房地产开发企业方可不再承担担保责任。如抵押登记因政策变动、买受人无法联系等非银行原因而未能办妥，且银行积极履行了通知义务、采用合理方式主张其权利，如另行起诉购房人办理抵押登记等，其中纵有瑕疵，但考虑到金融安全需要与金融监管之严格，亦不宜断然认定阶段性担保解除条件成就。

编写人：北京市西城区人民法院　苏相中

13

履行保证责任后债权转让，受让人起诉债务人管辖法院如何认定

——山东某资产清算有限公司济南分公司诉刘某追偿权案

【案件基本信息】

1. 裁判书字号

山东省淄博市中级人民法院（2023）鲁 03 民终 2484 号民事裁定书

2. 案由：追偿权纠纷

3. 当事人

原告（上诉人）：山东某资产清算有限公司济南分公司

被告（被上诉人）：刘某

【基本案情】

2019 年 1 月 15 日，刘某（住所地滕州市）通过某 APP 与某银行股份有限公司（住所地淄博市）签订一份《个人借款合同》，合同约定刘某向该公司借款人民币 5000 元，借款期限为 6 个月，利息按年利率 16.68%计算。同时约定，发生纠纷由债权人住所地人民法院管辖。同日，刘某与陕西某融资担保有限公司签订了一份《委托保证合同》，合同约定陕西某融资担保有限公司为刘某的债务提供连带责任保证担保。

2019 年 2 月 15 日，刘某无法按照借款合同约定偿还借款本金及利息，产生逾期。陕西某融资担保有限公司按约定为其承担保证责任，并于 2019 年 7 月 18 日代为偿还全部借款本息，从而获得该笔债权。2022 年 10 月 22 日，陕西某融资担保有限公司与山东某资产清算有限公司济南分公司签订《债权转让合

同》，约定将其对刘某所享有的债权及其他财产利益均转让于山东某资产清算有限公司济南分公司。

为此，山东某资产清算有限公司济南分公司认为《个人借款合同》的债权人住所地和该合同的履行地均在淄博市张店区，故向张店区人民法院提起诉讼，请求刘某偿还代偿本金及利息。

山东省淄博市张店区人民法院于 2023 年 7 月 9 日作出（2023）鲁 0303 民初 7180 号民事裁定，裁定对山东某资产清算有限公司济南分公司的起诉不予受理。山东某资产清算有限公司济南分公司对该裁定不服提起上诉，山东省淄博市中级人民法院于 2023 年 8 月 7 日作出（2023）鲁 03 民终 2484 号民事裁定，裁定：驳回上诉，维持原裁定。

【案件焦点】

履行保证责任后债权转让，受让人起诉债务人的，管辖法院如何认定。

【法院裁判要旨】

山东省淄博市张店区人民法院经审理认为：山东某资产清算有限公司济南分公司认为债权人与债务人协议约定了管辖，担保人代偿后享有债权人对债务人的权利；同时认为，原债权人所在地人民法院作为合同履行地人民法院。法院对上述意见均不予采信，本案应按合同纠纷一般管辖原则确定管辖法院，刘某住所地和合同履行地均不在张店区辖区内。据此，依据《中华人民共和国民事诉讼法》第一百二十二条、第一百二十六条，《最高人民法院关于适用〈中华人民共和国民事诉讼法〉的解释》第二百一十一条之规定，裁定：

对山东某资产清算有限公司济南分公司的起诉不予受理。

山东某资产清算有限公司济南分公司不服一审裁定提起上诉。山东省淄博市中级人民法院经审理认为：《最高人民法院关于适用〈中华人民共和国民事诉讼法〉的解释》第三十三条规定，合同转让的，合同的管辖协议对合同受让人有效，但转让时受让人不知道有管辖协议，或者转让协议另有约定且原合同相对人同意的除外。刘某与陕西某融资担保有限公司签订的《委托保证合同》

约定：“本合同发生争议或纠纷时双方当事人可以通过协商解决，协商不成的，任何一方均可向甲方、乙方或债权受让人（如有）所在地人民法院提起诉讼。”本案系陕西某融资担保有限公司在刘某未能如期向贷款人某银行股份有限公司还款的情形下，基于上述《委托保证合同》的约定，在向某银行股份有限公司承担保证责任后，将其享有的对刘某的追偿权转让于上诉人，上诉人为实现其受让的债权所提起的诉讼。因此，根据上述法律规定，案涉《委托保证合同》约定的争议条款对上诉人和刘某有效。即本案的管辖法院应当按《委托保证合同》的约定进行确定，而淄博市张店区人民法院并不是合同当事人约定的争议管辖法院。上诉人在淄博市张店区人民法院提起本案诉讼不符合《中华人民共和国民事诉讼法》第一百二十二条规定的起诉条件。一审法院在本案不属于其管辖的情形下，裁定对上诉人的起诉不予受理符合法律规定，并无不当。据此，二审裁定：

驳回上诉，维持原裁定。

【法官后语】

本案主要涉及履行保证责任后债权转让，受让人起诉债务人管辖法院应当如何认定的问题。本案起诉人山东某资产清算有限公司济南分公司认为《个人借款合同》的债权人住所地和该合同的履行地均在淄博市张店区，因而应由淄博市张店区人民法院管辖，故提起本案诉讼。而本案经过一、二审均认为本案的管辖法院应当按《委托保证合同》的约定进行确定，淄博市张店区人民法院并不是合同当事人约定的争议管辖法院。笔者认为一、二审法院的认定是正确的，主要理由有：

一、担保追偿权是保证人向债权人代为履行还款义务后，所享有向债务人追偿的法定权利，显著特征是具有独立性和法定性，不应受债权人与债务人之间协议管辖的约束。理由如下：

第一，追偿权属于预期权利，或者是附条件的权利。追偿权的权利范围在担保人实际承担责任前不确定，并在实际承担责任时确定。而原合同的权利义务包括解决纠纷的方式在担保人承担责任之前已经明确，以原合同的内容来约束担保人并不符合法理。

第二，根据合同相对性原则。在一般情况下，除法律规定或当事人有约定外，合同的权利主体与义务的承担者是合同订立的当事人。约定管辖的条款虽具有独立性，但作为合同约定的条款，依旧会赋予当事人解决纠纷的权利以及相应的义务，出于合同相对性原则的保护性目的，其依然会受到合同相对性原则的影响。担保人并非原债权人与债务人签订合同的当事人，根据合同的相对性原则，原合同中关于管辖的约定并不能约束担保人。

第三，在民事诉讼法律关系中，应当遵循公平原则。在实践中，担保人并非主合同的当事人，对主合同的管辖约定不具有平等的协商权。所以，担保人行使担保追偿权时受主合同关于管辖之约定则违反了公平自愿原则，同时对债务人而言，显失公平。

二、因合同纠纷提起的诉讼，由被告住所地或者合同履行地人民法院管辖。合同对履行地点没有约定或者约定不明确，争议标的为给付货币的，接受货币一方所在地为合同履行地。

上述规定适用情形是基于合同相对方而言。本案中起诉人的请求权基础是保证担保人与债务人之间订立的《委托保证合同》，该委托保证合同为上述规定中特指的“合同”，而非起诉人认为的债权人与债务人之间订立的《个人借款合同》。即使是按合同履行地确定管辖法院，但担保人住所地在陕西省西安市，债务人住所地在山东省滕州市，合同履行地绝非位于张店区人民法院辖区。

编写人：山东省淄博市张店区人民法院　张学敬

14

作为涉众型经济犯罪手段且由犯罪实际行为人实施的承诺担保行为不发生保证效力

——夏某诉石某等被继承人债务清偿案

【案件基本信息】

1. 裁判书字号

北京市第二中级人民法院（2021）京02民终2518号民事裁定书

2. 案由：被继承人债务清偿纠纷

3. 当事人

原告（上诉人、再审申请人）：夏某

被告（被上诉人、再审被申请人）：石某、王某、温某

【基本案情】

基金管理公司于2010年11月成立，王某1系公司法定代表人。2014年，基金管理公司以投资某IPO项目为名，成立北京某产业投资管理中心（有限合伙）（以下简称产投中心），基金管理公司为普通合伙人，同时吸纳不特定投资人为有限合伙人。2014年11月，夏某与基金管理公司签署《合伙协议》，约定夏某出资300万元，以有限合伙人身份加入产投中心。同日，王某1向夏某出具了《个人无限连带责任承诺函》，承诺对产投中心应偿还夏某个人已投资本金及预期收益的全部款项承担个人连带保证责任。此后，基金管理人向夏某出具了《股权投资计划确认函》，确认原告夏某已经完成认购该基金份额人民币300万元，享受14%的预期年化收益。

2015年王某1因病去世。2016年8月，基金管理公司因涉嫌非法吸收公众

存款罪被立案侦查。2018年10月，北京市朝阳区人民法院作出（2017）京0105刑初1677号刑事判决，认定基金管理公司成立后即以非法吸收公众存款为主要业务，各被告人于2012年至2015年发行、推广、销售理财产品的行为构成非法吸收公众存款罪，判决在案钱款发还给相关投资人，责令被告人退赔相关投资人经济损失，继续追缴被告人违法所得发还相关投资人。但王某1因于案发前病故未被追究刑事责任。该案上诉后，二审驳回上诉，维持原判。该判决已发生法律效力。夏某作为本案受害人之一，已作为发还对象列入投资人清单。

夏某以截至起诉之日产投中心违约未向其偿付投资本金、收益及王某1之妻石某、王某1之父王某、王某1之母温某为王某1继承人为由，诉请由各继承人承担被继承人王某1所负保证债务。

【案件焦点】

1. 本案中“担保”行为的性质及效力；2. 追究保证人的刑事责任陷入客观不能，是否属于本案新事实；3. 本案当事人的民事权利保护是否应当通过刑事追赃、退赔的方式解决。

【法院裁判要旨】

一审法院认为，（2016）京0102民初10263号民事裁定审查认定夏某要求基金管理公司连带责任保证人王某1的继承人偿还的款项涉嫌刑事犯罪，不属于人民法院受理民事诉讼的范围，裁定驳回其起诉后，夏某现以同一事实、同一理由、相同诉请提起民事诉讼，且未发生新事实，其提起的民事诉讼不符合相关规定。裁定：驳回夏某的起诉。

二审法院认为，基金管理公司所涉非法吸收公众存款刑事案件虽已审结，但夏某在本案中主张的相应款项仍系基金管理公司刑事犯罪的相关财产，该笔款项的性质并不因刑事判决未处理已故的王某1以及其个人财产或遗产而改变，刑事案件处理完毕并不代表本案发生了新的事实，故夏某的上诉意见不能成立。二审法院据此裁定：驳回上诉，维持原裁定。

再审法院认为，王某1为夏某的投资提供个人担保，其目的是引诱投资人投资，该担保行为系非法吸收公众存款罪的犯罪手段。虽然王某1已故未被追究刑事责任，但夏某的该笔投资款已经被认定为犯罪事实的一部分，该笔投资款的性质不因刑事判决未处理已故王某1财产或遗产而发生改变，故本案不属于民事诉讼受案范围。综上所述，一审法院裁定驳回夏某的起诉，二审法院裁定维持原裁定，并无不当。裁定：

维持本院（2021）京02民终2518号民事裁定。

【法官后语】

本案提出了两个问题：一是行为人以承担保证责任为犯罪手段吸引被害人出借资金，以达到金融犯罪的目的，该“保证”行为是否为有效的民事法律行为；二是若受害人已被列入刑事案件发还人员清单，能否另行提起民事诉讼。

关于第一个问题。根据《最高人民法院关于审理民间借贷案件适用法律若干问题的规定》第八条规定，借款人涉嫌犯罪或者生效判决认定其有罪，出借人起诉请求担保人承担民事责任的，人民法院应予受理。但本案并不能参照适用该条规定。原因在于，王某1并非犯罪主体之外的担保人，其实施的承诺保证行为仅具有担保表象而不发生担保的法律效果。第一，以王某1为法定代表人的基金管理公司成立后即以非法吸收公众存款为主要业务，是王某1等个人实施犯罪行为的外壳。王某1的保证并不具有在公司无法偿付投资款时由其以个人财产先行代为偿付的意愿，而是旨在使投资人减少心理防备，诱导投资人做出投资决策，是服务于犯罪目的、推动犯罪环节的犯罪手段。第二，担保合同不仅要求担保人在主债务已届清偿期后保证期间内，债务人不能履行债务的情况下承担保证责任，还赋予了保证人在承担保证责任后，可向债务人追偿的权利。而基金管理公司是王某1等人实施犯罪行为的媒介或工具，王某1等人以公司名义对外实施非法吸收公众存款行为后，犯罪行为所带来的法律后果不能由法人人格最终承担。即便由王某1等个人向受害者退赔了“投资”钱款，王某1等犯罪主体也不享有追索并从公司独立财产中受偿的权利。因此，作为犯罪手段的保证行为并不适用保证合同相关规定，该“保证”行为也不属于有效的民事法律行为。

关于第二个问题。本案中，关联刑事案件已经过实体裁判并作出生效判决，认定夏某的投资款项属于犯罪事实的一部分，并将夏某列入发还人员清单，已为当事人提供了权利救济渠道，且通常来说，由于国家公权力采取的刑事犯罪侦查手段更为严密，刑事程序追缴违法所得、对被害人进行退赔的保障力度更强。一方面夏某民事程序中诉讼标的与刑事案件中违法所得范围重合，刑事案件已经将其列入发还人员清单，按照“一事不再理”的法律原则，该笔款项不再属于民法上的债，本案不属于民事诉讼受案范围。另一方面若刑事案件陷入执行不能，在后关联民事诉讼即便作出判决也无执行可能，反而会造成法律效果与社会效果的背离，换言之，刑事案件责令退赔、追缴发还的处理实质上达到了能够弥补当事人损失的最大限度，民事审判因此丧失了目的必要性。

涉众型经济犯罪所涉人数众多、当事人分布地域广、标的额特别巨大、影响范围广。如果受害者之一通过民事诉讼获得可作为执行依据的民事判决，将会引发效仿，进而将导致众多相互间存在利益冲突的判决无法得到妥善、协调解决，造成矛盾纠纷无法实质性化解的负面效果。而通过刑事判决一体化地处理所有受害者的利益诉求，将最大限度保证受偿者的覆盖面，保证尽可能多的被害人均衡受偿。此外，根据《最高人民法院、最高人民检察院、公安部关于办理非法集资刑事案件若干问题的意见》第九条规定，退赔集资参与人的损失一般优先于其他民事债务以及罚金、没收财产的执行。对于集资参与人就同一事实提起的以犯罪嫌疑人或者刑事被告人为被告的民事诉讼，即便进入实体审理程序并作出民事判决，刑事退赔程序本身也具有执行上的优位性。综上，涉嫌涉众型经济犯罪的民商事案件应适用特别规定，该类犯罪受害人的民事权利保护应优先通过刑事追赃、退赔的方式解决。

编写人：北京市第二中级人民法院　金昌伟　李志超

15

追偿权纠纷中反担保保证期间的认定

——邝某1、邝某2诉罗某、胡某追偿权案

【案件基本信息】

1. 裁判书字号

湖南省郴州市中级人民法院（2022）湘10民终1479号民事判决书

2. 案由：追偿权纠纷

3. 当事人

原告（上诉人）：邝某1、邝某2

被告（被上诉人）：罗某、胡某

【基本案情】

2012年11月23日，罗某向某农商行申请借款280万元，邝某1以名下的一栋房产为前述贷款提供抵押担保。贷款到期后，罗某申请借新还旧贷款200万元。2016年5月25日，邝某1、邝某2向某农商行出具抵（质）押担保函，再次以名下的房产为罗某贷款200万元提供抵押担保；同日，胡某向邝某1、邝某2出具承诺书，载明2012年10月罗某以邝某1名下的房产作为抵押向某农商行贷款200万元。如罗某不能按时偿还贷款本息，则由胡某负责偿还，如罗某和胡某均未偿还，致使该房产被拍卖偿债或邝某1以现金还债赎房，由此给邝某1造成的一切损失（包括代偿的借款本息及其他费用，如邝某1垫付后，罗某延期还款利息按月息20‰计算）由胡某负责承担。2016年6月27日，罗某与某农商行签订《个人借款合同》，约定借款期限为2年；同日，邝某1、邝某2与该行签订《最高额抵押合同》。次日，该行向罗某足额

发放了贷款。后因罗某未按时履行还款义务，某农商行提起诉讼，要求罗某、李某菊（罗某之妻）、邝某 1、邝某 2 偿还借款本息。该案判决生效后，某农商行向法院申请强制执行，并要求拍卖邝某 1、邝某 2 提供的抵押房产。邝某 1、邝某 2 为赎回拍卖房产，于 2020 年 9 月 21 日代罗某交纳案件受理费 11439 元、保全费 5000 元、执行费 22663 元，于 2021 年 6 月 30 日代偿贷款本金 105 万元。此后，邝某 1、邝某 2 将罗某、胡某诉至法院，要求胡某就代偿债务承担连带保证责任。

【案件焦点】

胡某的担保期间如何确定，是否应承担连带保证责任。

【法院裁判要旨】

湖南省嘉禾县人民法院经审理认为：邝某 1、邝某 2 代罗某偿还部分借款后，有权向罗某追偿。关于胡某是否应承担连带责任保证的问题，由于胡某所保证的主债务履行期限届满日是 2018 年 6 月 27 日，且胡某向邝某 1、邝某 2 出具的《承诺书》未约定保证期间，根据《中华人民共和国担保法》第二十六条之规定，则胡某的保证期间为自主债务履行期限届满日起六个月内，又因保证期间为除斥期间，不因任何事由发生中断、中止、延长的法律后果，邝某 1、邝某 2 要求胡某承担连带责任保证，已过六个月的保证期间，故在本案中胡某不再承担保证责任。

湖南省嘉禾县人民法院依照《中华人民共和国担保法》第十九条、第二十一条、第二十六条、第三十一条，《最高人民法院关于适用〈中华人民共和国担保法〉若干问题的解释》第三十一条，《最高人民法院关于审理民间借贷案件适用法律若干问题的规定》第二十五条、第三十一条，《最高人民法院关于适用〈中华人民共和国民法典〉时间效力的若干规定》第一条第二款，《中华人民共和国民事诉讼法》第一百四十二条、第一百四十四条规定，判决如下：

一、由被告罗某偿还原告邝某 1、邝某 2 代偿借款本金 1050000 元及利息

（自 2021 年 6 月 30 日起至本金偿清之日止的利息按年利率 15.4%计算）。此款限本判决生效后十五日内自觉履行；

二、由被告罗某偿还原告邝某 1、邝某 2 代为交纳法院案件受理费、保全费、执行费共计 39102 元及利息（自 2020 年 9 月 21 日起至本金偿清之日止的利息按年利率 15.4%计算）；此款限本判决生效后十五日内自觉履行。如果未按本判决指定的期间履行给付金钱义务，则应当依照《中华人民共和国民事诉讼法》第二百五十三条规定，加倍支付迟延履行期间的债务利息；

三、驳回原告邝某 1、邝某 2 的其他诉讼请求。

邝某 1、邝某 2 不服一审判决，提出上诉。湖南省郴州市中级人民法院经审理认为：引起本案的法律事实持续到民法典施行后，因此，本案应适用民法典的规定。一审法院适用民法典施行前的法律、司法解释的规定不当，应予以纠正。胡某为本案借款担保人邝某 1、邝某 2 提供反担保，且在担保期间，应承担连带清偿责任。理由如下：1. 根据审理查明的事实，胡某为邝某 1、邝某 2 的抵押担保提供反担保而出具的承诺书，是在罗某所借的 280 万元借款到期后，并提出借新还旧贷款的申请后出具的，故该承诺书应认定系为涉案借新还旧贷款 200 万元提供的反担保。2. 本案中，邝某 1、邝某 2 是本担保人，胡某为邝某 1、邝某 2 的担保提供反担保，是反担保人。涉案担保合同是双方的真实意思表示，未违反法律、行政法规的强制性规定，合法有效。反担保合同的功能在于当本担保合同的债务人未履行对本担保的补偿义务时，通过反担保人的履行来保障本担保人追偿权的实现。但是此追偿权的实际取得须以本担保人已经实际承担了代为履行或者代为清偿义务为前提。因此，反担保人担保期间的起点应当与本担保人实际履行担保义务的时间相适应，反担保人担保期间的终点应当以不超过本担保债务的诉讼时效期限。本案中，邝某 1、邝某 2 于 2020 年 9 月 21 日代罗某交纳案件受理费 11439 元、保全费 5000 元、执行费 22663 元，合计 39102 元，于 2021 年 6 月 30 日代罗某偿还贷款本金 1050000 元，并于 2021 年 8 月 6 日向人民法院提起诉讼，未超过反担保人胡某的担保期间，故胡某应承担连带清偿责任。

湖南省郴州市中级人民法院依照《中华人民共和国民法典》第三百八十七条、第六百八十八条、第六百八十九条、第六百九十一条，《最高人民法院关于适用〈中华人民共和国民法典〉时间效力的若干规定》第一条第三款，《中华人民共和国民事诉讼法》第一百七十七条第一款第二项规定，判决如下：

一、维持湖南省嘉禾县人民法院（2021）湘1024民初1588号民事判决第一项、第二项，即“由被告罗某偿还原告邝某1、邝某2代偿借款本金1050000元及利息（自2021年6月30日起至本金偿清之日止的利息按年利率15.4%计算）。此款限本判决生效后十五日内自觉履行”“由被告罗某偿还原告邝某1、邝某2代为交纳法院案件受理费、保全费、执行费共计39102元及利息（自2020年9月21日起至本金偿清之日止的利息按年利率15.4%计算），此款限本判决生效后十五日内自觉履行”；

二、被上诉人胡某对上述款项承担连带清偿责任。

【法官后语】

担保是借贷关系中经常出现的一个法律行为，担保合同一般系基于主债权债务合同产生的从合同。担保合同在正常履行过程中，当债务人无法按约清偿债务时，担保人应按担保合同的约定代为履行清偿义务。代为清偿后，担保人依法对债务人在清偿限额内享有追偿权。虽担保人依法对债务人享有追偿权，但该追偿权能否实现也是未知数。因为若债务人拥有足够的清偿能力，则不会发生担保人代偿行为，故部分担保人为保障自身权益，会要求债务人提供反担保。《中华人民共和国民法典》（以下简称《民法典》）第三百八十七条第二款规定：“第三人为债务人向债权人提供担保的，可以要求债务人提供反担保。反担保适用本法和其他法律的规定。”第六百八十九条规定：“保证人可以要求债务人提供反担保。”反担保方式有保证、抵押、质押，但须注意债务人可以通过抵押、质押提供反担保，但不能以自身为保证人提供反担保，这种保证无任何实际意义；而留置权作为法定担保权，不适用于约定而产生的反担保。

反担保保证期间的确定与当事人是否有约定、债务履行期限等因素息息相关。本案的争议焦点在于，在当事人未明确约定追偿权履行期限及反担保保证期间的情况下，反担保的保证期间应如何确定。

反担保本质上仍是担保，同样适用担保的相关规定。《民法典》第六百九十二条规定："保证期间是确定保证人承担保证责任的期间，不发生中止、中断和延长。债权人与保证人可以约定保证期间，但是约定的保证期间早于主债务履行期限或者与主债务履行期限同时届满的，视为没有约定；没有约定或者约定不明确的，保证期间为主债务履行期限届满之日起六个月。债权人与债务人对主债务履行期限没有约定或者约定不明确的，保证期间自债权人请求债务人履行债务的宽限期届满之日起计算。"根据上述法律规定，反担保的保证期间有约定从约定，无约定或约定不明的，保证期间为主债务履行期限届满之日起六个月。反担保合同的主债务为担保人在实际承担担保责任后对债务人享有的追偿权。若当事人未在合同中明确约定追偿权的履行期限，即属于上述法律规定的"主债务履行期限没有约定或者约定不明确"的情况，反担保的保证期间为担保人实际承担了担保责任再向债务人追偿的宽限期届满之日后的6个月。本案中，当事人在合同中未约定在担保人代为清偿后债务人应当向担保人偿还债务的期限，邝某1、邝某2于2020年9月21日、2021年6月30日履行代偿义务后，未向罗某、胡某主张过权利，直接于2021年8月6日向法院提起诉讼，要求债务人偿还债务，故本案反担保的保证期间应当自邝某1、邝某2提起诉讼之日起计算，即担保人要求胡某承担连带还款责任并未超过反担保的保证期间，应当得到支持。但是，如担保人在履行代偿义务之后，向债务人主张权利并确定了履行期限，则反担保的保证期间应从该期限届满之日起计算6个月。

另外，担保合同无效并不必然导致反担保合同无效。《最高人民法院关于适用〈中华人民共和国民法典〉有关担保制度的解释》第十九条规定："担保合同无效，承担了赔偿责任的担保人按照反担保合同的约定，在其承担赔偿责任的范围内请求反担保人承担担保责任的，人民法院应予支持。反担保合同无效的，依照本解释第十七条的有关规定处理。当事人仅以担保合同无效为由主张反担保合同无效的，人民法院不予支持。"依据该条规定，在反担保合同有效的情况下，只要担保人承担了赔偿责任，即便担保合同无效，担保人也可要求反担保人承担担保责任；若反担保合同无效的情况下，则担保人可向有过错的反担保人主张相应的赔偿责任。

编写人：湖南省嘉禾县人民法院　黄晓宇

16

主合同性质变更，保证责任是否因此免除

——孙某诉庆某、北京某酒店民间借贷案

【案件基本信息】

1. 裁判书字号

北京金融法院（2022）京74民终727号民事判决书

2. 案由：民间借贷纠纷

3. 当事人

原告（被上诉人）：孙某

被告（上诉人）：北京某酒店

被告：庆某

【基本案情】

2016年3月21日，孙某（乙方、委托人）与庆某（甲方、受托人）、北京某酒店（保证方）签订《委托理财合同》，约定：乙方自愿投资甲方理财项目；甲方愿将其名下资产作为抵押，作为甲方归还乙方理财款的保证；理财金额40万元；理财期限为自2016年3月21日起至2018年3月21日止，延至2020年3月21日（北京某酒店在“延至2020年3月21日”处盖章）；理财款年利率为10%，按年付息，理财款到期可延续，保本付息，也可利随本清。

2016年3月21日，北京某酒店出具《收据》，载明：今收到孙某交来借款40万元整。合同到期后庆某、北京某酒店没有按时归还本金及利息。

北京某酒店现在的股东为庆某和张某，张某和庆某是夫妻关系，张某于诉讼中去世。

【案件焦点】

1. 如何认定《委托理财合同》的性质；2. 北京某酒店是否要承担保证责任。

【法院裁判要旨】

本案中，《委托理财合同》约定：理财款年利率为10%，按年付息，理财款到期可延续，保本付息，也可利随本清。上述约定委托人对于“理财款”收回的方式为按照固定的利率标准还本付息，并无收益及风险方面的约定，且实质上亦未约定如何进行理财投资等具体事宜。该内容本质上属于一方负担风险，另一方完全盈利的保底条款，委托理财的风险性和收益的不确定性特征明显消除。此外，北京某酒店在2016年3月21日开具的收据中亦明确载明收到孙某“借款”40万元，合同签订后孙某未对受托人的行为提出任何指示性要求，对于资金的使用未予干涉。可见，各方当事人的真实意思为庆某向孙某借款，北京某酒店代为收取借款，各方之间的法律关系应当根据借款合同关系处理。

首先，关于北京某酒店的保证责任。《中华人民共和国公司法》第十六条第二款规定：“公司为公司股东或者实际控制人提供担保的，必须经股东会或者股东大会决议。”虽然《委托理财合同》签订时，北京某酒店公司未出具相应的股东会决议，现北京某酒店的股东为庆某和张某，且二人系夫妻关系，公司法关于公司对外担保决议程序的规定主要是为了防止对公司利益以及对中小股东利益的损害，在北京某酒店现有股东构成情况下，不存在损害中小股东的情况，故北京某酒店的对外担保行为，合法有效，北京某酒店应依其承诺承担保证责任。其次，关于保证方式，涉案合同未对北京某酒店的保证方式作出约定，故北京某酒店的保证方式为连带保证。再次，关于保证期间，《委托理财合同》未约定保证期间，故保证期间应为六个月，即自 2018 年 3 月 21 日起算六个月。孙某、北京某酒店确认合同到期后，庆某、北京某酒店无法支付利息时，北京某酒店财务在《委托理财合同》上书写“延至 2020 年 3 月 21 日”并加盖北京某酒店印章，结合当事人陈述、证人证言及延期条款，根据高度盖然性原则，本院对孙某关于向北京某酒店主张了保证责任的意见予以采纳，北京某酒店在孙某向其主张保证责任后在《委托理财合同》书写延期条款并盖章确认，故应当自 2020 年 3 月 21 日起开始计算保证债务的诉讼时效。最后，关于保证范围，本案中，孙某要求北京某酒店对庆某的理财本金及利息承担保证责任，于法有据，予以支持。

一审法院依据《最高人民法院关于适用〈中华人民共和国民法典〉时间效力的若干规定》第一条第二款，《中华人民共和国担保法》第十九条、第二十一条、第二十六条、第三十一条，《最高人民法院关于适用〈中华人民共和国担保法〉若干问题的解释》第三十四条，《中华人民共和国民事诉讼法》第四十条第二款、第一百四十七条之规定，判决如下：

一、被告庆某于本判决生效之日起十日内向原告孙某偿还本金 40 万元；

二、被告庆某于本判决生效之日起十日内向原告孙某支付利息（以 40 万元为基数，自 2020 年 3 月 22 日起至实际付清之日止，按照年利率 10%的标准计算）；

三、被告北京某酒店对上述第一项、第二项确定的款项承担连带清偿责任；

四、被告北京某酒店承担连带保证责任后，有权向被告庆某追偿。

一审宣判后，北京某酒店不服提起上诉。北京金融法院经审理后依照《中华人民共和国民事诉讼法》第一百七十七条第一款第一项规定，判决：

驳回上诉，维持原判。

【法官后语】

保证担保作为一种增信手段，通常会对债权人与债务人之间的交易关系和交易性质，诉讼中主合同性质被认定为其他法律关系时，担保合同是否因此无效，担保范围是否会发生变化，通常是争议的焦点。

笔者认为，审理中主要需要考量两个方面的因素：一是担保合同是否明确约定主合同性质发生变更，担保人不承担责任的，如有约定，主合同性质变更属于合同内容的重大变更，在未取得保证人同意的情况下，保证人不应继续承担保证责任。二是主合同是否约定担保的债务金额或范围，如果主合同对主债务本金、利息的计算方式作出明确约定，即便主合同性质发生变更，也不影响担保责任的承担。

具体到本案中，《委托理财合同》被认定为民间借贷法律关系后，保证责任的认定需要审查以下三点因素：

一是是否具有公司决议及是否存在无须公司决议的例外情况。保证合同效力为法院主动审查的问题，根据《中华人民共和国公司法》第十六条规定，公司向其他企业投资或者为他人提供担保，依照公司章程的规定，由董事会或者股东会、股东大会决议。本案中，北京某酒店并未出具股东会决议，则需要考虑是否存在法定无须公司决议的情况。本案发生在民法典施行之前，关于公司对外担保无须股东决议的情况包括：(1) 担保公司提供担保；(2) 公司为其直接或者间接控制的公司开展经营活动提供担保；(3) 互保或其他，本案不符合前三种情形，对其他兜底情况需要结合案情具体分析。《中华人民共和国公司法》第十六条之所以对公司对外担保作出限制规定，是因为对外担保并非公司自身的经营行为，而是利他行为，为防止法定代表人随意代表公司为他人提供担保给公司造成损失，损害中小股东利益，《中华人民共和国公司法》规定担保行为不是法定代表人所能单独决定的事项，必须以公司股东（大）会、董事会等机关决议作为授权的基础和来源。另外，公司对外担保存在例外情形，无须机关决议，也是为了保护债权人，维护正常的商事交易秩序。为了平衡债权人和中小股东的利益，在原则性规定之外，作出例外及兜底规定。本案中，北京某酒店的股东庆某和张某系夫妻关系，两个股东的利益具有高度一致性，债权人信赖庆某的行为代表两个股东或者北京某酒店亦具有合理性，法律此时需要保护的便是债权人，保证合同有效便是实践对立法目的的诠释。

二是保证人是否在主合同中签字。如保证人、债务人、债权人三方共同签署合同，约定融资金额、融资用途及违约情形，则保证人对主合同的交易性质应持有理性判断，否则，保证人应对交易后果有预期，即便交易性质事后被认定为其他法律关系，保证人也不因此享有抗辩权，除非各方明确约定主合同性质变更即免除保证责任。本案中，三方签署《委托理财合同》，北京某酒店在合同上书写“延至2020年3月21日”并加盖印章，说明其对主债权债务的交易性质、还款及延期情况有充分的预知。

三是是否明确约定了担保的主债务金额。如保证合同明确约定了保证人担保的主债务本金、利息或违约金计算方式，即便交易性质变更，但因保证责任范围未发生变更，保证人也不因此免除保证责任。本案中，各方在合同中约定债务金额40万元，期限至2020年3月21日，利率为10%，北京某酒店在合同上书写“延至2020年3月21日”并加盖印章，表明其对保证责任范围有清晰的认知。故在本案中，无论基础合同法律关系如何定性，保证人承担的保证范围始终是明确的，不因主合同性质变更发生变化。

编写人：北京市朝阳区人民法院　马娇

17

事先书面约定保证责任不因主合同变更而影响的，主合同变更是否影响保证责任的承担

——某银行小贷中心诉王某甲等金融借款合同案

【案件基本信息】

1. 裁判书字号

四川省德阳市旌阳区人民法院（2022）川0603民初4896号民事判决书

2. 案由：金融借款合同纠纷

3. 当事人

原告：某银行小贷中心

被告：王某甲、黄某某、姜某、王某乙、陈某某

【基本案情】

2019 年 4 月 12 日，王某甲、黄某某与某银行小贷中心签订《最高额抵押合同》；4 月 23 日，前述三方又签订《借款合同》（以下简称主合同），合同对借款金额、期限、违约责任及合同项下担保方式等进行了明确约定。同日，姜某、王某乙分别作为保证人与某银行小贷中心签订了《保证合同》，两份保证合同均对被担保的主债权、保证方式、保证期间等进行了明确约定，同时《保证合同》第七条约定“保证期间内，债权人与主合同债务人协议变更主合同的，除增加主债权本金金额外，其他变更事项无须取得保证人同意，保证人不因此免除其承担的本合同项下的保证责任”；第十二条约定“债权人已提醒保证人仔细阅读前面的合同文本，并应保证人要求对本合同做了相应的条款说明，保证人对该合同条款的含义及相应法律后果已全部通晓并充分理解，并已预见到签订及履行该合同存在的风险”。王某乙、陈某某共同向某银行小贷中心出具《夫妻双方共同声明》表示知晓上述借款合同，承诺共同承担还款（担保）责任。

后，在保证期间内，王某甲、黄某某、王某乙向某银行小贷中心提交《还款计划调整申请》，王某甲（借款人、甲方、抵押人、丁方）、黄某某（共同借款人、丙方、抵押人、丁方）、王某乙（保证人、戊方）与某银行小贷中心（贷款人、乙方）签订《补充协议》，载明“二、甲乙丙三方一致同意本补充协议生效前已按原借款合同约定的还款计划计收的本金、利息等，三方确认不另行调整，亦不另行测算抵扣，借款人不得要求贷款人予以退还……五、除涉及本补充协议约定的条款外，原借款合同及担保合同约定的其他各项条款仍然有效”；具体从前述协议所附还款计划表来看，协议内容仅是对剩余未还期数中每期应还本息数额作出调整。

后王某甲和黄某某未按约还款，截至 2022 年 7 月 12 日，尚欠本息合计

237394.17元。某银行小贷中心遂将各债务人与保证人诉至法院。

【案件焦点】

保证人姜某是否应当承担保证责任。

【法院裁判要旨】

四川省德阳市旌阳区人民法院经审理认为：案涉借款合同合法、有效，王某甲、黄某某未按约定归还借款本息，已构成违约，依法应当共同向某银行小贷中心偿还尚欠本金及支付相应利息。

关于姜某是否承担保证责任的问题。虽王某甲、黄某某在2021年4月23日与原告协商就主合同中还款计划作出相应调整并签订了《补充协议》，该协议中未见姜某作为保证人签字确认，但从《保证合同》第七条约定“在保证期间内，债权人与主合同债务人协议变更主合同的，除增加主债权本金金额外，其他变更事项无须取得保证人同意，保证人不因此免除其承担的本合同项下的保证责任”以及第十二条对于风险、法律后果告知等内容，足以证明姜某在签订保证合同时，对存在借贷双方将来可能变更主合同内容增加其担保责任的可能性已有充分预见，其事先概括同意主合同相关事项变更的约定并不违反法律、行政法规的禁止性规定，故应尊重当事人意思自治。现主合同仅是对剩余未还期数中每期应还本息数额作出调整，主债权本金未发生变化亦符合前述第七条约定，故原告在保证期间内主张姜某承担保证责任，姜某应依约对本案确定债务承担连带清偿责任。

四川省德阳市旌阳区人民法院依照《中华人民共和国民法典》第四百二十条、第五百七十七条、第五百七十九条、第六百六十七条、第六百七十四条、第六百七十五条、第六百七十六条、第六百八十八条，《最高人民法院关于适用〈中华人民共和国民法典〉时间效力的若干规定》第一条规定，判决如下：

一、被告王某甲、黄某某于本判决生效之日起十日内向原告某银行小贷中心偿还借款本金225000元及截至2022年7月12日的利息12394.17元，并支付其后的利息，计算方式为：以尚欠本金为基数，按月利率8.85‰，从2022年7

月13日起计算至本判决确定的给付之日止；若未按本判决确定的给付之日给付本金，则上述利息计算至本金付清之日止；

二、被告王某甲、黄某某以名下抵押物对本判决第一项确定的债务承担抵押担保责任，原告某银行小贷中心对前述抵押物折价或拍卖、变卖所得价款在合同编号为×号《最高额抵押合同》约定的最高债权额度内享有优先受偿权；

三、被告王某乙、陈某某对本判决第一项确定的债务承担连带清偿责任；

四、被告姜某对本判决第一项确定的债务承担连带清偿责任；

五、驳回原告某银行小贷中心的其他诉讼请求。

宣判后，双方当事人均未上诉，现判决已生效。

【法官后语】

在保证合同中设置类似于“在保证期间内，主合同变更，无须另行经保证人同意，保证人仍应承担保证责任”的条款，已逐渐成为银行等金融机构普遍采用的方式。认定该约定是否发生等同于“保证人书面同意”的法律效果，直接影响着银行设置该条款目的的实现。而在《中华人民共和国民法典》（以下简称《民法典》）施行前后，对于前述约定的效力认定均存在裁判意见不一。有观点认为此种约定属于当事人意思自治的范畴，应从其约定认定保证责任；有观点则认为此种约定不得对抗法定免责情形，应当根据法定免责情形认定保证责任。不论何种观点，裁判文书中均没有详细阐述理由。为此，如何在债权人与保证人的权益保护之间寻找平衡点，如何在审判中准确认定保证合同中上述约定的效力，是司法实践中值得研究探讨的重点问题。

本案依法应适用《民法典》相关规定，裁判时既关注到了法律规范变化对涉及债权人与债务人协议变更主合同时保证的效力之审理思路的影响，同时也基于立法沿革、担保理念、民商事审判价值追求等，提出在审判实践中准确认定上述约定效力，应当注意：

其一，严格适用《民法典》第六百九十五条规定，准确把握规范旨意，尤其需注意其中规定的前提条件。《民法典》第六百九十五条吸收了原《最高人民法院关于适用〈中华人民共和国担保法〉若干问题的解释》（法释〔2000〕

44号，已失效）第三十条规定，是关于债权人与债务人协议主合同变更时保证的效力之核心条款，根据该规定，主合同变更原则上须经保证人书面同意，如未经保证人同意，债权人向保证人主张承担保证责任时将受到法定限制，旨在保护保证担保设立时保证人的预期。换言之，该限制的前提应是“未经保证人书面同意”，但对于书面同意的时间点立法未作强制性要求。此法律规定内容充分体现了担保权内容的重点仍是源于担保合同，突出担保关系各方当事人合法权益的平衡在于意思自治的担保理念变化。因此，事先书面约定保证责任不因主合同变更而受影响，债权人若恪守告知义务，保证人能够在对风险有所认知和预判下决定提供担保，此举本质上是保证人以约定方式提前对未来可能出现的主合同变更情形概括作出书面同意，并不违反《民法典》该条规定的立法本意及条款内容本身，亦未突破特定性上的担保从属性。故，司法实践对此应给予最大限度的尊重，目前有观点越过该条法律规定对债权人行使权利所作出限制的前提条件，认为“约定不得对抗法定免责情形，应当根据法定免责情形认定保证责任”，或许存在不妥。

其二，对上述约定的属性应定位为格式条款，并结合《民法典》第四百九十六条、第四百九十七条审查其效力。在保证合同中所约定的上述条款本质上属于格式条款，因此，对其效力的认定应回归条款内容本身，首先审查是否存在《民法典》第四百九十七条所规定的格式条款无效的情形；其次若不存在，再根据《民法典》第四百九十六条之规定，审查银行就约定条款是否以合理的方式尽到了提示或说明义务。例如，本案中的银行对条款明确地、具体地细化并作出“保证期间内，债权人与主合同债务人协议变更主合同的，除增加主债权本金金额外，其他变更事项无须取得保证人同意，保证人不因此免除其承担的本合同项下的保证责任”之约定，不存在法定格式条款无效的情形；同时，银行提供证据业已证明合同签订时，其应保证人要求就合同条款作了相应说明，保证人已预见到可能存在的风险而未提出任何异议，现亦未到庭抗辩。鉴于此，本案格式条款有效。

其三，合理把握司法介入意思自治的限度，平衡债权人权益维护与个案中保证人利益保护。银行等金融机构基于交易效率、金融资管风险防范等考量，前述约定已逐渐成为拟定在保证合同中的定型化条款。故，司法裁判对此应保持一定的谦抑性，尤其在尚无法律、行政法规明确禁止此约定时，更应保持定力，谨慎作出否定。同时，值得指出的是，除严格依照上述法律规定外，个案中还应具体结合当事人所处地位、专业程度等综合评判上述约定的效力。例如，若保证人本就是以担保为主营业务的担保公司，基于其营利性特征，又与银行的地位、专业程度相当，故审查相应条款内容是否属于不合理地加重对方责任、限制主要权利，银行是否尽到告知义务等方面时，相应标准应当与自然人、其他非担保公司作出区分，即适当放宽标准，否则恐难实现平衡债权人权益维护与个案中保证人利益保护。

编写人：四川省德阳市旌阳区人民法院　周章琳　李京蔚

18

公司对外担保无效的认定以及有过错担保人承担担保无效的赔偿责任有无期间限制

——赵某某诉孙某某、江苏某公司民间借贷案

【案件基本信息】

1. 裁判书字号

黑龙江省大庆市龙凤区人民法院（2022）黑 0603 民初 3054 号民事判决书

2. 案由：民间借贷纠纷

3. 当事人

原告：赵某某

被告：孙某某、江苏某公司

【基本案情】

2014年4月8日，案外人魏某某出具担保书，该担保书写明："我是江苏某公司大庆分公司的法人魏某某，我公司愿意为我公司工程施工承包人孙某某贷款50万元，提供贷款担保8个月，到期不还由我公司偿还，贷款期内利息由孙某某承担，担保人只担保本金部分，利息部分本担保人不负责任。担保人江苏某公司大庆分公司，法人代表魏某某。"该担保书加盖了江苏某公司大庆分公司公章。2014年5月30日，魏某某出具担保书，该担保书写明："我是江苏某公司大庆分公司的法人魏某某，我愿意为孙某某贷款担保，贷款担保金额25万元……如孙某某到工程结算贷款还不上，由我公司承担还款义务，只担保本金，不担保利息。"该担保书加盖了江苏某公司公章。

2019年1月30日，孙某某出具欠据，内容为："利息本金共计496万元，待工程结算后付清，明细后附。"2022年6月4日，孙某某再次在该欠据上签名，并标注此账再重新计算一次，今日为索要凭证时间证明。

案件另外查实，江苏某公司将从大庆某房地产开发公司承包的工程转包给孙某某，孙某某将其承包的部分工程分包给赵某某。孙某某为索要工程款将江苏某公司、大庆某房地产开发公司诉至大庆市中级人民法院，案件正在审理中。赵某某为索要该工程款将孙某某、江苏某公司、大庆某房地产开发公司诉至大庆市让胡路区人民法院，案件正在审理中。

【案件焦点】

1. 赵某某与孙某某之间是否存在民间借贷关系及孙某某是否应向赵某某返还借款本金并支付利息；2. 江苏某公司在本案中是否承担担保责任或民事赔偿责任。

【法院裁判要旨】

对于争议焦点一，黑龙江省大庆市龙凤区人民法院经审理认为：当事人陈述及提交的欠据等证据能够证实赵某某与孙某某之间存在75万元的借贷关系，孙某某应依法返还本金，并按同期贷款市场报价利率支付起诉之日至款项结清之日止的利息。

对于争议焦点二，黑龙江省大庆市龙凤区人民法院经审理认为：本案中与江苏某公司有关的担保书有两份，对于第一份加盖了江苏某公司大庆分公司印章的担保书，根据《中华人民共和国担保法》及其司法解释规定，企业法人分支机构未经法人书面授权提供保证的，保证合同无效。结合本案事实，当事人未提交证据证实上述担保经过了江苏某公司的书面授权，因此应认定该担保无效。对于第二份担保书，江苏某公司大庆分公司负责人出具的25万元担保书并加盖了江苏某公司印章，根据《中华人民共和国公司法》第十六条的规定，公司向其他企业投资或者为他人提供担保，依照公司章程的规定，由董事会或者股东会、股东大会决议。具体到本案中，当事人未提交证据证实上述担保经董事会或者股东会决议，该担保亦应认定为无效。

关于担保无效后担保人的责任问题，《最高人民法院关于适用〈中华人民共和国担保法〉若干问题的解释》第七条规定："主合同有效而担保合同无效，债权人无过错的，担保人与债务人对主合同债权人的经济损失，承担连带赔偿责任；债权人、担保人有过错的，担保人承担民事责任的部分，不应超过债务人不能清偿部分的二分之一。"本案中，江苏某公司对其印章及人员管理不严导致其分公司负责人出具了两份担保书，江苏某公司对案涉两份担保书无效存在过错，依法应向赵某某承担相应赔偿责任。担保书无效，但当事人约定的或者法律规定的保证期间仍然具有法律效力，如果对担保无效产生的担保人的赔偿责任不加以期限限制，则与担保有效相比，担保无效反而加重了担保人的负担，这明显与担保无效的立法宗旨相悖。因此，赵某某在约定的或法定的保证期间未向江苏某公司及其大庆分公司主张权利，江苏某公司应依法不再承担无效担保的赔偿责任。本案中，50万元担保书约定担保期间为8个月，25万元担保书未约定担保期间，根据法律规定，担保期间应为主债权履行期限届满之日起6个月，两笔担保的担保期均应自主债权履行期限届满之日起算。对于两笔主债权履行期限无书面证据明确证实的问题，因2019年1月30日孙某某为赵某某出具欠据，将上述两笔借款包括在内，2019年1月30日的欠据能证实赵某某向孙某某主张了权利，则赵某某向江苏某公司主张担保无效的赔偿权利期限应认定自 2019 年 1 月 31 日起计算 6 个月和 8 个月，即至 2019 年 10 月 1 日担保无效、赔偿请求权过期。

黑龙江省大庆市龙凤区人民法院依据《中华人民共和国合同法》第一百零七条、第二百零六条、第二百一十一条，《中华人民共和国公司法》第十六条，《中华人民共和国担保法》第二十六条、第二十九条，《最高人民法院关于适用〈中华人民共和国民法典〉有关担保制度的解释》第七条、第十七条、第三十四条之规定，判决如下：

一、孙某某于本判决生效之日起十日内返还赵某某借款 75 万元；并按同期贷款市场报价利率支付 2022 年 8 月 11 日至款项结清之日止的利息；

二、驳回赵某某的其他诉讼请求。

判决后，双方当事人均未上诉，本判决现已生效。

【法官后语】

公司对外担保，即公司以自己的信用和财产为他人债务提供担保，包括公司为其股东或实际控制人以外的人提供担保，也包括公司为其股东或实际控制人提供担保。本案中，江苏某公司及其大庆分公司为孙某某提供的担保属于前者，审理该种担保是否有效及公司是否应当承担保证责任应注意以下几点：

一、审查担保是否由董事会或者股东（大）会决议，且担保金额是否超过公司章程规定的限额

2005 年公司法及现行公司法均规定，公司为他人提供担保，依照公司章程的规定，由董事会或者股东（大）会决议，公司章程对担保总额及担保数额有限额规定的，不得超过规定的限额。可见未经董事会或者股东（大）会决议，仅由法定代表人决定的担保，即使加盖了公司公章，亦会导致担保无效。对于债权人审查义务，根据《全国法院民商事审判工作会议纪要》（以下简称《九民会议纪要》）指导意见，标准不宜太过严苛，一般限于形式审查，只要求尽到必要的注意义务即可。具体操作中，只要债权人能证明其在签订担保合同时对董事会或者股东（大）会决议进行了审查，表决人数符合公司章程规定，就

应视为尽到了审查义务。

二、接受分公司（分支机构）提供的担保，要注意审查是否经过公司授权，是否经过股东（大）会或者董事会决议

《最高人民法院关于适用〈中华人民共和国担保法〉若干问题的解释》第十七条规定，企业法人的分支机构未经法人书面授权提供保证的，保证合同无效。同时，《最高人民法院关于适用〈中华人民共和国民法典〉有关担保制度的解释》第十一条规定，公司的分支机构未经公司股东（大）会或者董事会决议以自己的名义对外提供担保，相对人请求公司或者其分支机构承担担保责任的，人民法院不予支持。后者较前者规定更加严格，也对债权人的审查义务提出了更高的要求。由于分公司不具备法人人格的独立性，债权人在与法人分公司订立保证合同或接受分公司的担保时，必须确认该保证是否出于法人的真实意思表示，否则应视为债权人未尽到审查义务。

三、审查公司对外担保是否属于不需要股东会或董事会决议而有效的情况

《九民会议纪要》中列举了公司为其直接或者间接控制的公司开展经营活动而提供的担保等四种情形，以及债权人根据上市公司公开披露的关于担保事项已经董事会或者股东大会决议通过的信息订立的担保合同。存在上述情况，债权人应着重审查担保是不是公司为其直接或者间接控制的公司开展经营活动而提供的，或上市公司是否已公开披露了担保事项已经董事会或者股东大会决议通过的信息，符合这些特定条件，公司对外担保未经股东会或董事会决议亦应认定为合法有效。

四、公司担保无效时有过错的担保人应承担相应的赔偿责任，但该赔偿责任应受担保期间的约束

《最高人民法院关于适用〈中华人民共和国担保法〉若干问题的解释》第七条、《最高人民法院关于适用〈中华人民共和国民法典〉有关担保制度的解释》第十七条均规定，担保人有过错而债权人无过错的，担保人对债务人不能清偿的部分承担赔偿责任；债权人、担保人均有过错的，担保人承担的赔偿责任不应超过债务人不能清偿部分的二分之一。根据上述规定，在公司担保无效

的情况下，债权人为减少损失应积极向担保人主张过错赔偿，但债权人向担保人行使赔偿请求权不应超过担保期间。因为相比于有效担保，无效担保中一般存在债权人违法或有过错的情形，债权人应自行承担相应责任，为此法律规定的无效担保赔偿上限也不高于有效担保的担保债务范围。同理，担保有效时担保责任受担保期间限制，即债权人超过担保期间主张权利，担保人不再承担担保责任，则无效担保时担保人赔偿责任亦不应无时间限制。如果对担保无效产生的担保人的赔偿责任不加以期间限制，则与担保有效相比，担保无效反而加重了担保人的负担，这明显与担保无效的立法宗旨相悖。另外，担保期间是由债权人和担保人约定或法律规定的，在担保有效时作为债权人行使担保权的时间限制，在担保无效时作为债权人行使赔偿请求权的期间限制亦是合理的。虽然民法典施行前的法律对担保无效时债权人行使赔偿请求权的期间未作出明文规定，但民法典施行后发布的《最高人民法院关于适用〈中华人民共和国民法典〉有关担保制度的解释》第三十三条对此作了明文规定，该条文对审理及其发布后成立的担保合同产生的纠纷提供了法律依据，对其发布前成立的担保合同产生的纠纷亦具有指导意义。

编写人：黑龙江省大庆市龙凤区人民法院　张春丽

19

保证方式推定规则的变化

——韩某诉王某、鲍某民间借贷案

【案件基本信息】

1. 裁判书字号

浙江省台州市中级人民法院（2022）浙10民终3407号民事判决书

2. 案由：民间借贷纠纷

3. 当事人

原告（被上诉人）：韩某

被告（上诉人）：鲍某

被告：王某

【基本案情】

被告王某于2014年向原告韩某共借款500万元，后双方于2016年6月13日进行结算，并由被告王某重新出具借条一份。借条载明：王某于2014年6月5日向韩某借到人民币250万元、2014年6月9日向韩某借到人民币250万元，共计伍佰万元整。截至2016年6月9日欠本金500万元，利息755000元整，现借款期限已到，王某提出申请，要求续借，韩某同意，现按月利率1.5%计算。并由被告鲍某作为担保人在该份借条上签字，并写明担保期限至2016年10月31日。被告鲍某多次延长担保期限，并于2020年5月29日最后一次延长担保期限至2021年12月31日。借条出具之后，被告王某共支付原告利息235万元。

同时查明，原告于2021年与被告鲍某多次协商本案借款归还事宜。

另查明，本案在审理过程中，原告提起诉讼保全申请，本院于2022年6月1日作出（2022）浙1023民初1629号民事裁定书，依法裁定：冻结被申请人王某、鲍某的银行存款800万元，期限为一年；查封被申请人鲍某名下的浙江橡塑股份有限公司21.12%的股权，期限为三年。原告为本案诉讼支出保全申请费5000元。

【案件焦点】

原告是否在保证期间内对被告鲍某主张了权利。

【法院裁判要旨】

浙江省台州市天台县人民法院经审理后认为：合法的借贷关系受法律保护。被告王某向原告韩某借款500万元，事实清楚，证据充分，被告王某应及时归还借款。故对原告要求被告王某归还借款本金500万元并支付利息的诉讼请求，本院予以支持。

被告鲍某作为担保人在借条上签字，但未约定保证方式，本院认为，本案系民法典施行前的法律事实引起的民事纠纷案件，应当适用《中华人民共和国担保法》有关规定，其第十九条规定，当事人对保证方式没有约定或者约定不明确的，应当按照连带责任承担保证责任，故被告鲍某应承担连带保证责任。被告鲍某辩称，本案保证期限至2021年12月31日止，保证期间届满前原告并未要求被告承担保证责任，故被告的保证责任已经免除，本院认为，根据原告提供的微信聊天记录，原告与被告鲍某于2021年期间多次就本案借款的归还问题进行协商，应当认定原告向被告鲍某主张了权利，故对被告鲍某的该项抗辩，本院不予采纳。被告鲍某抗辩认为，本案借款本息已还清，但未提供充分有效的证据予以证明，且2013年7月18日的借条显示，原告夫妇与王某夫妇之间另有大额借款往来，该笔借款无担保，王某向原告夫妇给付的款项优先抵充2013年7月18日借条载明的债务符合法律规定，故对被告鲍某的该项抗辩，本院不予采纳。

浙江省台州市天台县人民法院依照《中华人民共和国合同法》第六十条、第一百零七条、第二百零六条，《中华人民共和国担保法》第十九条，《最高人民法院关于适用〈中华人民共和国合同法〉若干问题的解释（二）》第二十条、第二十一条，《最高人民法院关于适用〈中华人民共和国担保法〉若干问题的解释》第三十四条第二款，《最高人民法院关于审理民间借贷案件适用法律若干问题的规定》第二十五条、第三十一条，《最高人民法院关于适用〈中华人民共和国民法典〉时间效力的若干规定》第一条第二款，《中华人民共和国民事诉讼法》第一百四十七条之规定，判决如下：

一、限被告王某于本判决生效之日起十日内支付原告韩某借款本金500万元及利息（前期尚欠利息75.5万元，后续利息以500万元本金为基数按月利率15‰自2016年6月9日起计算至2020年8月19日止，自2020年8月20日开始按月利率12.8‰计算至履行完毕之日止，已支付的235万元利息在上述利息内予以扣除）；

二、由被告鲍某对上述款项承担连带保证责任；

三、限被告王某、鲍某于本判决生效之日起十日内赔偿原告韩某保全申请费5000元。

上诉人鲍某因与被上诉人韩某及原审被告王某民间借贷纠纷一案，不服天台县人民法院民事判决，遂向台州市中级人民法院提起上诉。

浙江省台州市中级人民法院经审理后认为，一审认定本案债权人在保证期间内已经向保证人主张了权利符合事实。综上，上诉人的上诉请求不能成立，本院不予支持。原审法院认定事实清楚，适用法律正确，判决处理并无不当。依照《中华人民共和国民事诉讼法》第一百七十七条第一款第一项之规定，判决如下：

驳回上诉，维持原判。

【法官后语】

在司法实践中，尤其是民间借贷案件中，认定债权人是否在保证期间内向保证人主张权利一直是案件审理的难点。当事人之间进行沟通、催讨等事宜，一般都是通过口头或电话等方式，没有书面的依据。因而，债权人对在保证期间已请求保证人承担责任的事实存在举证困难。法官在审理案件过程中，还是应当根据实际情况综合分析债权人是否有向保证人主张权利的真实意思表示。本案中，涉案借条载明“担保期限延期至2021年12月31日”，而本案的立案时间为2022年5月。原告在案件审理过程中提交了多份与被告鲍某之间的微信聊天记录，根据微信聊天记录可以看出，原告韩某的丈夫谷某某对城东湖项目退税情况的了解早于鲍某，双方并非仅针对城东湖项目退税这一事宜进行沟通，谷某某一再与鲍某联系是希望鲍某作为保证人落实王某丈夫城东湖项目退税所分款项用于归还本案债务，而上述款项实际并未用于归还本案债务。且根据2021年7月3日、8月28日鲍某的微信语音留言内容、语气等分析，可以认定鲍某微信语音留言系因韩某丈夫谷某某向其催讨保证债务后才作出的回复。因此，法院认定原告在保证期间内已经向被告鲍某主张了权利。

《中华人民共和国担保法》第十九条规定的保证方式没有约定或约定不明

的，将保证方式推定为连带责任保证，一直以来此条都面临着“过度商化”的质疑。在比较法上，连带责任保证是商事保证的基本方式，而民事保证具备从属性和无偿性。很多专家认为，连带责任保证是一种加重保证人责任的保证方式，保证人通常难以充分认识其后果，原则上宜由当事人明确约定，才更加公平。实践中，尤其是在民间借贷的案件中，很多当事人是出于人情关系为他人的借款提供保证，但因为债权人实现自己的债权时首先考虑的是债务人还是保证人的财产更有利于执行的问题，所以很可能出现主债务人下落不明或有财产但不便执行时，债权人往往直接请求保证人履行保证责任而非请求债务人履行债务的情况，这样导致保证人本来只是基于人情关系为他人提供保证，但最终主债务人的财产未被执行而保证人的财产先被执行，这样使得保证人可能落入一个相当不利的境地。另外，当保证人承担保证责任之后，又需要保证人向主债务人追偿，很可能导致保证人与主债务人之间人情关系破裂。没有如此强的履行债务必要性的保证人履行了债务的主要部分，同时又恶化了保证人与主债务人之间的关系，引发了很多现实中的混乱。因此，《中华人民共和国民法典》第六百八十六条将当事人对保证方式没有约定或者约定不明确的推定为一般保证，不仅有利于保障保证人利益，也有利于维护经济社会稳定。

编写人：浙江省天台县人民法院　洪娟

20

公司担保合同效力规制例外规定的延伸适用

——林某诉吴某、房地产建设开发公司民间借贷案

【案件基本信息】

1. 裁判书字号

福建省厦门市中级人民法院（2022）闽02民终3053号民事判决书

2. 案由：民间借贷纠纷

3. 当事人

原告（上诉人）：林某

被告（被上诉人）：吴某、房地产建设开发公司

【基本案情】

吴某系房地产建设开发公司的实际控制经营人，2018 年 2 月吴某、房地产建设开发公司因该公司项目的需要，向林某借款 500 万元，并签署了《借款合同》，合同载明借款人为吴某，担保人为房地产建设开发公司，并加盖了房地产建设开发公司的公章，但该担保行为并未取得公司董事会、股东会决议。林某依约支付了借款，但借款期限届满后，吴某、房地产建设开发公司未依约还款，林某遂提起本案诉讼。对于担保问题，吴某、房地产建设开发公司辩称，房地产建设开发公司作为担保方虽然在《借款合同》上加盖公章，但该担保行为并未取得公司董事会、股东会决议，也没有证据证明林某对上述材料进行了合理且必要的审查，故担保无效，不应承担担保责任。

【案件焦点】

房地产建设开发公司是否应当承担担保责任。

【法院裁判要旨】

原告林某与被告吴某、房地产建设开发公司民间借贷纠纷一案，福建省厦门市思明区人民法院受理后，依法适用简易程序公开开庭进行了审理。本案中，房地产建设开发公司作为担保方在案涉《借款合同》上加盖公章，但林某作为债权人，未提供证据证明房地产建设开发公司对吴某上述债务提供担保作出了相应的董事会、股东（大）会决议，也未提供证据证明其对上述材料进行了审查，故房地产建设开发公司作为保证方出具的担保合同应认定无效。现林某要求房地产建设开发公司对吴某上述债务承担连带清偿责任，缺乏事实和法律依据，本院不予支持。据此，依照《中华人民共和国合同法》第二百零六条、第二百零七条，《中华人民共和国公司法》第十六条，《最高人民法院关于审理民

间借贷案件适用法律若干问题的规定》第二十五条、第二十六条、第二十八条、第三十一条，《最高人民法院关于适用〈中华人民共和国民法典〉时间效力的若干规定》第一条，《中华人民共和国民事诉讼法》第六十七条第一款规定，判决如下：

一、吴某于本判决生效之日起十日内偿还林某借款本金 500 万元及利息（利息以 500 万元为基数，自 2019 年 11 月 1 日起按月利率 2%计算至 2020 年 8 月 19 日，自 2020 年 8 月 20 日起按年利率 15.4%计算至实际还款之日止）；

二、驳回林某的其他诉讼请求。

上诉人林某因与被上诉人吴某、房地产建设开发公司民间借贷纠纷一案，不服福建省厦门市思明区人民法院民事判决，向福建省厦门市中级人民法院提起上诉。

福建省厦门市中级人民法院经审理认为：案涉《借款合同》载明借款用途是缴纳房地产建设开发公司项目开工前需要的各项费用，案涉《债权债务确认及抵偿协议》载明房地产建设开发公司系项目开发商，吴某系房地产建设开发公司及项目的实际控制人，并确认了前述借款用途。前述事实相互呼应，可以确认房地产建设开发公司是为自己的经营之需提供担保。《最高人民法院关于适用〈中华人民共和国民法典〉有关担保制度的解释》第八条规定："有下列情形之一，公司以其未依照公司法关于公司对外担保的规定作出决议为由主张不承担担保责任的，人民法院不予支持……（二）公司为其全资子公司开展经营活动提供担保……"2019 年 9 月 11 日通过的《全国法院民商事审判工作会议纪要》第十九条规定："存在下列情形的，即便债权人知道或者应当知道没有公司机关决议，也应当认定担保合同符合公司的真实意思表示，合同有效……（2）公司为其直接或者间接控制的公司开展经营活动向债权人提供担保……"虽无证据表明案涉担保有经房地产建设开发公司董事会、股东（大）会决议，但房地产建设开发公司系借款的实际使用人，是为自己的经营之需提供担保，其与讼争借款关系较《最高人民法院关于适用〈中华人民共和国民法典〉有关担保制度的解释》《全国法院民商事审判工作会议纪要》第十九条前述两种情况更为密切，根据举轻以明重的原则，应认定房地产建设开发公司作为保证方出具的担保合同有效，房地产建设开发公司对讼争借款应承担连带清偿责任，对此一审判决认定有误，二审予以改判。

福建省厦门市中级人民法院依照《中华人民共和国民事诉讼法》第一百七十七条第一款第二项规定，作出如下判决：

一、维持福建省厦门市思明区人民法院（2021）闽0203民初20862号民事判决第一项，即：吴某于本判决生效之日起十日内偿还林某借款本金500万元及利息（利息以500万元为基数，自2019年11月1日起按月利率2%计算至2020年8月19日止，自2020年8月20日起按年利率15.4%计算至实际还款之日止）；

二、撤销福建省厦门市思明区人民法院（2021）闽0203民初20862号民事判决第二项；

三、房地产建设开发有限公司对本判决第一项吴某所负债务承担连带清偿责任，并有权在实际承担债务金额范围内向吴某追偿；

四、驳回林某其他诉讼请求。

【法官后语】

一、公司担保合同效力规制的争议及演变

《中华人民共和国公司法》第十六条规定，“公司向其他企业投资或者为他人提供担保，依照公司章程的规定，由董事会或者股东会、股东大会决议；公司章程对投资或者担保的总额及单项投资或者担保的数额有限额规定的，不得超过规定的限额。公司为公司股东或者实际控制人提供担保的，必须经股东会或者股东大会决议……”该条规定在司法实践中一度存在较大争议。

第一种广泛性观点认为，前述规定只是管理性规定，并非效力性强制性规定，不能仅以公司对外担保没有经过董事会或者股东会、股东大会决议就认定其无效。该种观点还有一个分支观点认为，该第十六条第二款关于“公司为公司股东或者实际控制人提供担保的，必须经股东会或者股东大会决议”的表述，言外之意是除了“公司为公司股东或者实际控制人提供担保的”情形，其他的公司担保并不是“必须”经股东会或者股东大会决议，前一种情形可认定因违反法律强制性规定而无效，但其他公司担保不能仅以此认定无效。这种观点比较接近于《中华人民共和国公司法》第十六条的字面意思表示，曾被司法实务界普遍接受。

但随着我国市场经济的日益发展，因公司对外担保而产生的纠纷也越来越多，出现不少法定代表人甚至公司高管越权擅自加盖公司印章为他人提供担保，且担保金额巨大，给公司及股东造成重大损失的情况。如放任这类行为，将给公司治理和经济秩序维护造成重大负面影响。因此在司法实践中，各地出现了在具体案件中对债权人和公司利益进行平衡的情况。这种平衡的立足点主要是债权人在担保活动中是否系善意。于是逐渐衍生出第二种广泛性观点，认为法定代表人或公司代理人未经授权擅自以公司名义为他人提供担保，订立合同时债权人是善意的认定合同有效，反之无效。但何谓善意，在实践中判断标准长期未能统一。又存在“担保人声明说”和“债权人审查说”两种分支观点。“担保人声明说”主张在签订合同时，只要担保人已声明所涉担保有经过公司机关决议，则免去债权人的审查义务，推定债权人为善意接受提保的当事人，即便担保事实上没有经过公司机关决议也应认定为有效；“债权人审查说”主张在签订合同时，债权人负有审查义务，即需对提供担保的公司机关决议进行审查，债权人尽了审查义务的认定其为善意，合同有效，反之无效。

由于第一种广泛性观点和第二种广泛性观点存在立足点的根本性差别，但由于二者皆具有相应合理之处，理论界和司法界各有支持者，故最高人民法院在2019年9月11日通过的《全国法院民商事审判工作会议纪要》中，专门在其第六条对“公司为他人提供担保”予以规范，明确采用前述第二种广泛性观点的“债权人善意有效说”及其分支中的“债权人审查说”，至此，公司担保合同效力规制的争议算是尘埃落定。本案中，一审法院正是以房地产建设开发公司担保未经公司机关决议，债权人亦未尽审查义务为由，认定担保合同无效。一审法院的判决虽然与《全国法院民商事审判工作会议纪要》前述一般性规定相符，但忽略了其关于公司担保合同效力规制例外性规定的适用。

二、公司担保合同效力规制例外性规定及其本意探究和延伸适用

鉴于前述第一种广泛性观点存在合理之处，同时考虑公司担保类型的复杂性，《全国法院民商事审判工作会议纪要》在采用“债权人善意有效说”及其分支中的“债权人审查说”明确公司担保合同效力规制的一般性规范外，特别在其第十九条列举了无须机关决议的几种例外情形：（一）公司是以为他人提供担保为主营业务的担保公司，或者是开展保函业务的银行或者非银行金融机构；（二）公司为其直接或者间接控制的公司开展经营活动向债权人提供担保；（三）公司与主债务人之间存在相互担保等商业合作关系；（四）担保合同系由单独或者共同持有公司三分之二以上有表决权的股东签字同意。其后，《最高人民法院关于适用〈中华人民共和国民法典〉有关担保制度的解释》吸收了前述例外情形规定的精神，在其第八条中明确：“有下列情形之一，公司以其未依照公司法关于公司对外担保的规定作出决议为由主张不承担担保责任的，人民法院不予支持：（一）金融机构开立保函或者担保公司提供担保；（二）公司为其全资子公司开展经营活动提供担保；（三）担保合同系由单独或者共同持有公司三分之二以上对担保事项有表决权的股东签字同意。上市公司对外提供担保，不适用前款第二项、第三项的规定。”

本案中，案涉担保没有经过担保人房地产建设开发公司的董事会或股东（大）会决议，房地产建设开发公司虽系借款实际使用人，是为自己经营之需提供担保，但从文义上看并不属于前述“公司为其直接或者间接控制的公司开展经营活动向债权人提供担保”的情形，也不属于“公司为其全资子公司开展经营活动提供担保”的情形。不过从前述两种情形设定的本意来看，公司担保需公司机关决议，主要目的是防止公司法定代表人或代理人未经授权擅自以公司名义为他人提供担保而损害公司及股东利益，但公司为自身利益提供担保，不属于损害公司及股东利益的情形，不宜作无效认定。而本案中作为担保人的房地产建设开发公司，系借款的实际使用人，是为自己的经营之需提供担保，

明显属于前述“公司为自身利益提供担保”的情形；并且“公司为自己经营之需向债权人提供担保”的情形，较“公司为其直接或者间接控制的公司开展经营活动向债权人提供担保”和“公司为其全资子公司开展经营活动提供担保”两种情形，和公司自身的关系更为密切，在后两种情形下担保没有公司机关决议而认定有效，根据举轻以明重的原则，“公司为自己经营之需向债权人提供担保”更应认定合同有效。因此二审法院认定房地产建设开发公司的担保有效，对一审判决予以改判。本案二审判决在法律规定未能对现实复杂的公司担保情形全面覆盖，出现法律适用难点的情况下，通过探究相关法律规定的本意，在合法合理的范围内对其进行延伸适用，较好地实现了法律效果和社会效果的统一。

编写人：福建省厦门市中级人民法院　周宗良

21

债务人向债权人出具载有担保意思的股东会决议能否成立担保的审查认定

——银行重庆江津支行诉李某等金融借款合同案

【案件基本信息】

1. 裁判书字号

重庆市第五中级人民法院（2022）渝05民终7041号民事判决书

2. 案由：金融借款合同纠纷

3. 当事人

原告（被上诉人）：银行重庆江津支行

被告（上诉人）：李某、苏某、何某、重庆建材公司

【基本案情】

李某、苏某、何某系重庆建材公司股东，李某同时担任该公司法定代表人职务。2021 年 5 月 26 日，李某通过手机与银行重庆江津支行线上签订了《中国银行股份有限公司个人网络循环贷款合同（适用“个人网络经营贷款”业务）》，借款金额 50 万元，借款用途为生产经营。次日，银行重庆江津支行依约将 50 万元贷款发放至李某卡中。

2021 年 6 月 24 日，李某、苏某与何某召开股东会，形成了股东会决议一份。该决议主要载明：公司同意李某向银行重庆江津支行申请贷款 50 万元用于补充公司流动资金，并用公司经营收入和利润归还贷款本息。若该笔贷款出现不良逾期，公司及全体股东承担连带责任。李某、苏某、何某分别在前述股东会决议内容下方的“股东签名”处签名，重庆建材公司在前述股东会决议加盖了公章。后李某将前述股东会决议提交给银行重庆江津支行。

现因李某未按约偿还借款本息，银行重庆江津支行提起本案诉讼，要求借款人李某承担偿还尚欠借款本息的责任，并请求苏某、何某、重庆建材公司就李某前述债务承担连带清偿责任。

【案件焦点】

银行重庆江津支行与苏某、何某、重庆建材公司的保证合同是否成立。

【法院裁判要旨】

重庆市江津区人民法院经审理认为：李某作为借款人未按期足额偿还贷款本息构成违约，李某应当依照合同约定偿还尚欠的贷款本息。李某将案涉股东会决议向银行重庆江津支行提交，银行重庆江津支行作为债权人接收未提出异议，双方的保证合同成立，重庆建材公司、苏某和何某应为连带责任保证人。案涉保证合同未约定保证期间，现银行重庆江津支行在案涉主债务履行届满之日起六个月内要求其承担保证责任，且未过保证期间，故苏某、何某、重庆建材公司应对案涉债务承担连带清偿责任。

重庆市江津区人民法院依据《中华人民共和国民法典》第五百七十七条、

第六百八十五条第二款及《中华人民共和国公司法》第十六条第二款和第三款等规定，作出如下判决：

一、李某在判决生效后十日内偿还银行重庆江津支行本金 20 万元、截至 2022 年 3 月 21 日利息 1325.05 元、罚息 8.23 元及 2022 年 3 月 21 日起的罚息；

二、苏某、何某、重庆建材公司对李某的上述债务承担连带清偿责任。

李某、苏某、何某、重庆建材公司不服一审判决，提起上诉。重庆市第五中级人民法院经审理认为：重庆建材公司与银行重庆江津支行，苏某、何某与银行重庆江津支行之间的保证合同已合法成立并生效，银行重庆江津支行有权请求三被告承担担保责任。

第一，重庆建材公司为公司股东李某提供案涉担保，获得了除李某外的全部股东同意，符合《中华人民共和国公司法》第十六条第二款和第三款的规定。李某作为重庆建材公司法定代表人向银行重庆江津支行提交载明担保意思的《股东会决议》，属于其职权范围，无须另行授权或同意。

第二，重庆建材公司与苏某、何某均作出了为李某案涉债务提供担保的意思表示，故苏某、何某向重庆建材公司作出的前述提交行为属于默示授权，可以认定苏某、何某默示授权同为案涉债务保证人的重庆建材公司作为其意思表示的传达人，将其提供保证的意思表示向债权人发出。李某将该《股东会决议》转交银行重庆江津支行符合苏某及何某的行为预期与交易实践。

综上，重庆市第五中级人民法院依照《中华人民共和国民事诉讼法》第一百七十条第一款第一项规定，作出如下判决：

驳回上诉，维持原判。

【法官后语】

实践中，公司对外提供担保但未出具股东会决议引发的担保效力纠纷较为常见，本案则涉及仅有载明担保意思的股东会决议而未签订书面担保合同时能否成立担保关系的审查认定，具有相当的新颖性与疑难性。此类案件审理裁判的关键在于《中华人民共和国民法典》（以下简称《民法典》）第六百八十五条关于保证合同成立形式规定的理解与适用。具体而言，应从以下两个层面理解和审查：一是保证合同成立的形式要件与担保意思表示真实性的认定；二是股东会决议披露行为与意思表示传达的体系化解释适用。

一、担保合同成立的形式要件及其规范意旨

根据《民法典》第六百八十五条第一款规定，保证合同可以是单独订立的书面合同，也可以是主债权债务合同中的保证条款。因此，通常认定担保关系是否成立应当审查担保合同或条款是否存在。但该条第二款设有保证合同成立的例外，即第三人单方以书面形式向债权人作出保证，债权人接收且未提出异议的，亦可认定保证合同成立。究其根本，担保合同成立的要式性要求，意在保障担保人作出提供担保意思表示的真实与慎重。“书面形式”不能简单等同于“合同书”。信件、电报、电传、传真等可以有形地表现所载内容的形式，均可理解为书面形式，此点已为《民法典》第四百六十九条第二款明文肯定。故将公司股东会决议解释为此处的书面形式，于法有据。

因此，在诸如仅有载明担保意思的股东会决议而未签订书面担保合同时，能否成立担保关系核心之一在于担保人担保意思是否真实有效。涉及公司对外担保的意思认定时，则需要审查是否满足《中华人民共和国公司法》第十六条第二款、第三款表决程序及份额要求。符合前述法律规定要求的，则应当认定对外提供担保属于公司的真实意思。

二、股东会决议的披露行为与意思表示传达的解释认定

当审查确定公司决议载明的公司对外担保的意思表示真实有效的基础上，仍需阐明股东会决议的披露行为与意思表示的传达的体系关联。

合同的成立采“要约—承诺”规则。同理，担保合同的成立则须“担保人提供担保的意思”+“债权人接受担保的意思”达成一致方可。逻辑观之，只有“担保人提供担保的意思”作成并向债权人发出后，后者方有作出接受担保的资格，继而作出“接受担保的意思”并到达担保人以成立合同的可能。

具体而言，载有担保意思的股东会决议有效作成，仅系意思表示的作成，确实仅系内部文件，仅具内部效力。如需对外发生效力，尚需向债权人发出该意思表示并使其到达。这一过程即为“意思表示的传达”。若载明担保意思的

股东会决议已经由公司或股东本人，抑或其有权代理人提交给债权人，债权人接受并未提出异议的，该内部文件所载担保意思外化，对债权人发生法律效力，股东与债权人之间的保证合同关系成立。法定代表人持载有公司对外提供担保真实意思的股东会决议向债权人传达并交付，属于职权行为，公司应当接受该担保关系成立的法律效果。公司其他股东明确同意提供担保签字确认、将决议交由公司保管，可以合理预期法定代表人或作为债务人的股东将该股东会决议向债权人披露并因此承担担保责任。这一认定并不违反签字股东的行为预期，符合商业实践与传达错误风险分配的基本法理。也就是说，若在股东会决议上签字同意提供担保的股东并不希望该决议向债权人披露，则其应当明确提出或在该决议到达债权人后合理期限内及时提出异议。

本案中，债务人作为法定代表人将载有真实担保意思的股东会决议向债权人披露或转交的行为，对公司而言属于职权行为，对自愿提供担保的其他股东而言属于默示授权，均属于有效的担保意思传达行为。银行作为债权人接受该决议并未提出异议，视为接受该公司及股东提供担保的意思，保证合同即告成立。该债务人作为公司法定代表人，将案涉《股东会决议》向债权人转交后又无正当理由以其无权转交为由抗辩合同不成立，该行为本身悖于诚信，不应得到支持。否则，无异于增加本案类似贷款业务的担保成本与交易费用，使得此类旨在为中小微企业主提供经营融资便利的“经营贷”业务减少，最终受损的仍是广大中小微企业及企业主自身。

编写人：重庆市第五中级人民法院　吴跃辉　王旺旺

22

第三人同时提供物保和人保的，债权人仅向其主张实现担保物权不能推定同时主张了保证债权

——资产管理公司诉张某某等金融借款合同案

【案件基本信息】

1. 裁判书字号

江苏省无锡市中级人民法院（2023）苏02民终4015号民事判决书

2. 案由：金融借款合同纠纷

3. 当事人

原告（被上诉人）：资产管理公司

被告（上诉人）：张某某、谈某某

被告：工贸公司

【基本案情】

2016年12月23日，工贸公司与某银行签订借款合同，合同约定自该日起五年内，某银行向工贸公司提供最高本金余额不超过4299万元的贷款，并约定相关利息计算方式。同日，某银行与工贸公司、张某某、谈某某就上述贷款签订最高额抵押合同，约定工贸公司、张某某、谈某某以其所有的案涉房产及土地使用权为上述借款在最高额本金余额6857万元范围内提供抵押担保，并办理了抵押登记。同日，某银行与谈某某、张某某就上述贷款签订最高额保证合同，约定谈某某、张某某为上述借款提供最高额保证，保证方式为连带责任保证，保证期间为主合同约定的债务人履行债务期限届满之日起二年。2016年12月29日，某银行向工贸公司发放贷款4299万元。后工贸公司未按约支付借款利

息，某银行依约宣布贷款于2017年9月4日提前到期。

2017年9月14日，某银行以工贸公司、谈某某、张某某作为被申请人，向宜兴市人民法院申请实现担保物权，该院裁定准许拍卖、变卖工贸公司，谈某某、张某某用以抵押的房屋及土地使用权对案涉借款本息优先受偿。

2021年12月23日，某银行与资产管理公司签订债权转让协议，将案涉债权及担保等从权利转让给资产管理公司并公告。

资产管理公司遂提起本案诉讼，请求判令：1. 工贸公司偿还借款本金4299万元及相应利息。2. 谈某某、张某某对上述债务承担连带清偿责任。

【案件焦点】

某银行向谈某某、张某某主张实现担保物权能否推定在保证期间内也主张了保证债权。

【法院裁判要旨】

江苏省宜兴市人民法院经审理认为：资产管理公司依法从某银行处受让债权，有权要求工贸公司归还借款本息。某银行申请实现担保物权，即视为在保证期间内向保证人主张了权利。据此作出（2022）苏0282民初9495号民事判决：

一、工贸公司于判决发生法律效力之日起十日内偿还资产管理公司借款本金4299万元及期内利息、罚息、期内利息之复利；

二、谈某某、张某某对上述还款义务承担连带清偿责任。

张某某、谈某某不服一审判决，提出上诉。

江苏省无锡市中级人民法院经审理认为：本案系民法典施行前的法律事实引起的民事纠纷案件，应适用当时的法律、司法解释的规定。即使是同一第三人提供的物的担保和保证，从权利性质上分析，亦是两种不同性质的担保。在双方对于担保权利实现的顺序没有明确约定的情况下，资产管理公司应先就债务人即工贸公司自己提供的物的担保主张权利，对于谈某某、张某某提供的物保和人保，资产管理公司可以自行选择主张。现有证据仅能证明某银行于保证期间内向法院申请实现工贸公司、谈某某及张某某提供的担保物权，无法推定该行为具有同时向谈某某、张某某主张保证责任的意思表示。因此，原债权人某银行未在保证期间内要求谈某某、张某某承担保证责任，则可免除其保证责任。综上判决：

一、维持宜兴市人民法院（2022）苏0282民初9495号民事判决第一项；

二、撤销宜兴市人民法院（2022）苏0282民初9495号民事判决第二项；

三、驳回资产管理公司的其他诉讼请求。

【法官后语】

一、物的担保与人的担保的法律性质不同

物的担保与人的担保均是为保障债权实现的担保责任，但从性质、主体、范围、期间及时效等方面均有明显不同，是两种完全不同的担保形式。一是从权利性质上看，物保是债权人基于物的担保所享有的担保物权，系支配权，具有排他性、追及力；人保是债权人基于保证所享有的保证债权，系请求权，有相容性。二是从承担对象来看，物的担保可由债务人或第三人来承担，而人的担保仅能由第三人作为保证人。三是从责任范围来看，物的担保以抵押物、质押物等的价值承担有限责任，而人的担保则由保证人以其全部资产承担无限责任。四是从期间限制来看，人保的保证期间是不发生中止、中断和延长的特殊期间，有约定从约定，没有约定或约定不明，则为主债务履行期限届满之日起六个月（原《最高人民法院关于适用〈中华人民共和国担保法〉若干问题的解释》第三十二条第二款规定，约定不明的，保证期间为主债务履行期届满之日起二年）；而担保物权中，抵押权的行使期间为主债务诉讼时效期间内。五是从诉讼时效来看，物的担保本身并不存在诉讼时效，但受主债权诉讼时效影响。根据《中华人民共和国民法典》第六百九十四条规定，对于保证债务诉讼时效的起算，一般保证的债权人在保证期间届满前对债务人提起诉讼或者申请仲裁的，从保证人拒绝承担保证责任的权利消灭之日起算；连带责任保证的债权人在保证期间届满前请求保证人承担保证责任的，从债权人请求保证人承担保证责任之日起算。

二、物的担保与人的担保并存时，担保权实现存在顺位区别

2007年《中华人民共和国物权法》第一百七十六条[①]规定对于担保的实现，有约定按约定，没有约定或约定不明的，应先就债务人提供的物保实现债权，此后债权人才可在人保与物保中自行选择。《中华人民共和国民法典》较该条规定无实质变化。

根据《中华人民共和国担保法》规定，物保和人保具有先后实现顺位，债权人仅能先主张实现物保，在物保不能实现的债权范围内再向保证人主张保证责任，则此时债权人主张物保当然不能推定同时向保证人主张了人保。根据《中华人民共和国物权法》和《中华人民共和国民法典》的规定，债权人应当先实现债务人提供的物保，对第三人提供的物保和人保并没有行使顺序，债权可以仅选择主张第三人承担物的担保或保证责任，也可以同时向第三人主张物保和人保。从物保和人保具有实现顺位或者债权人可选择实现的法律规定来看，这两项担保并不相同，且债权人也可择一或同时主张，故债权人到底主张行使哪项权利，应当清楚明确。

三、债权人仅主张担保物权不能推定同时主张了保证债权

1. 债权人主张保证人承担责任应当以明示方式作出。对于一般保证，在司法实践中很容易认定和操作，即债权人应当在保证期间对债务人提起诉讼或者申请仲裁。而对于连带责任保证中债权人在保证期间主张权利的方式，司法实践中存在不同观点，一种观点认为起诉才能视为主张权利；另一种观点认为债权人只要通过当面、电话、微信、书面通知等方式要求保证人承担责任即可。[②]对于债权人主张连带保证责任的方式虽有不同观点，但无论哪一观点，均认为

---

① 《中华人民共和国物权法》第一百七十六条　被担保的债权既有物的担保又有人的担保的，债务人不履行到期债务或者发生当事人约定的实现担保物权的情形，债权人应当按照约定实现债权；没有约定或者约定不明确，债务人自己提供物的担保的，债权人应当先就该物的担保实现债权；第三人提供物的担保的，债权人可以就物的担保实现债权，也可以要求保证人承担保证责任。提供担保的第三人承担担保责任后，有权向债务人追偿。

② 参见马玉芳：《在保证期间内主张权利的认定——王某娟诉杨某政、周某波民间借贷案》，载《中国法院2023年度案例·借款担保纠纷》，中国法制出版社2023年版，第119页。

债权人应当以明示方式主张保证责任，不能以默示或推定的方式作出。

2. 债权人仅向第三人主张实现物保，不能推定同时向其主张了人保。如前所述，物的担保与人的担保系两种完全不同的担保方式，且债权人选择如何行使物的担保或人的担保是其权利。在债权人仅主张物保的情况下，如果缺乏其主张人保的明确意思表示，则不能推定其同时主张了人保。就本案而言，谈某某与张某某既作为抵押人又作为连带保证人，但前者是以抵押物的价值为限承担有限的物的担保责任，后者是以其全部资产承担无限的连带保证责任，是两种不同性质的担保责任。某银行作为债权人，就第三人谈某某、张某某所提供的抵押财产，适用特别程序向一审法院申请实现担保物权并获准许。该行为仅系债权人向第三人主张行使抵押权，并不能就此推定债权人同时向该第三人主张承担保证责任。因债权人未能提供证据证明在保证期间内已向第三人主张保证债权，保证期间届满，第三人的保证责任归于消灭。

编写人：江苏省无锡市中级人民法院　李佳　宋婉龄

23

公司与其股东为同一债务同时提供担保是否构成关联担保

——周某、林某诉方某等民间借贷案

【案件基本信息】

1. 裁判书字号

重庆市第五中级人民法院（2022）渝 05 民终 8182 号民事判决书

2. 案由：民间借贷纠纷

3. 当事人

原告（被上诉人）：周某、林某

被告（上诉人）：方某、张某、重庆幕墙门窗工程公司

【基本案情】

方某因做生意需资金周转，从2012年开始陆续向周某、林某借款。2018年3月27日周某（债权人）与方某（债务人）、张某（保证人）签订《还款协议书》，确认欠款金额及还款时间，并约定张某为方某该债务提供连带责任保证担保。因方某逾期还款，2021年3月18日林某（债权人）、周某（债权人）与方某（债务人）、张某（保证人）、重庆幕墙门窗工程公司（保证人）签订《还款计划书》，再次确认欠款金额及还款时间，并约定张某、重庆幕墙门窗工程公司为方某该债务提供连带责任保证担保。周某、林某在出借人处签字并按印，方某在借款人处签字并按印，张某在担保人处签字并按印，重庆幕墙门窗工程公司在担保人处加盖公章，张某在法定代表人处签字。重庆幕墙门窗工程公司股东为张某（持股比例77.3056%）、万某（持股比例14.1049%）、刘某（持股比例8.5895%）。张某为重庆幕墙门窗工程公司法定代表人。周某、林某起诉方某承担还款责任，并请求张某、重庆幕墙门窗工程公司对方某前述债务承担连带清偿责任。重庆幕墙门窗工程公司主张，张某为方某债务提供担保，其身份已变为债务人，后重庆幕墙门窗工程公司提供担保，变相减轻了张某的责任，亦可认定重庆幕墙门窗工程公司系为张某债务进行担保，张某是重庆幕墙门窗工程公司的股东及法定代表人，重庆幕墙门窗工程公司案涉担保为关联担保，周某、林某并未提供重庆幕墙门窗工程公司案涉担保的股东会决议，因此担保无效。

【案件焦点】

公司与其股东为同一债务同时提供担保是否构成关联担保。

【法院裁判要旨】

重庆市荣昌区人民法院一审认为，《还款计划书》对张某、重庆幕墙门窗工程公司的担保责任双方作了约定，同时张某是重庆幕墙门窗工程公司的法定

代表人，所持股比例为77.3056%，张某在重庆幕墙门窗工程公司担保处进行了签字确认。“法人的法定代表人或者非法人组织的负责人超越权限订立的合同，除相对人知道或者应当知道其超越权限外，该代表行为有效，订立的合同对法人或者非法人组织发生效力。”故一审法院认为张某、重庆幕墙门窗工程公司对方某的本金及利息承担连带清偿责任，符合法律规定。判决如下：

一、方某于判决生效之日起五日内偿还周某、林某借款本金5001443元，并从2021年10月23日起以本金5001443元为基数按照年利率15.4%计算资金占有损失至款项付清为止；

二、方某于判决生效之日起五日内支付周某、林某法律服务费12万元；

三、张某、重庆幕墙门窗工程公司对上述款项承担连带清偿责任；

四、驳回周某、林某的其他诉讼请求。

重庆市第五中级人民法院二审认为，张某在本案债务中仅为担保人，并非债务人，重庆幕墙门窗工程公司亦非为张某个人债务提供担保，本案并不符合《中华人民共和国公司法》第十六条第二款所规定的情形，重庆幕墙门窗工程公司该主张无法律依据，二审法院不予支持。虽然重庆幕墙门窗工程公司并未向周某、林某提交同意担保的股东会决议，但持有重庆幕墙门窗工程公司三分之二以上股份的张某同时在该协议上签字，对重庆幕墙门窗工程公司提供担保的行为知晓并认可，故应认定该担保合同符合重庆幕墙门窗工程公司的真实意思表示，合同有效，重庆幕墙门窗工程公司应当承担本案担保责任。

重庆市第五中级人民法院依照《中华人民共和国民法典》第六十一条、第五百零四条、第五百零九条、第六百七十五条、第六百七十六条，《中华人民共和国民事诉讼法》第一百七十七条第二款，《最高人民法院关于审理民间借贷案件适用法律若干问题的规定》第三十一条第二款，《最高人民法院关于适用〈中华人民共和国民法典〉时间效力的若干规定》第一条第三款规定，判决如下：

一、维持重庆市荣昌区人民法院（2022）渝0153民初933号民事判决第二项，即“方某于本判决生效之日起五日内支付周某、林某法律服务费12万元”；

二、撤销重庆市荣昌区人民法院（2022）渝0153民初933号民事判决第一项、第三项、第四项；

三、方某于本判决生效之日起五日内向周某、林某归还借款本金4953298元，并支付以4953298元为基数自2021年10月23日起按年利率14.8%计算至本金付清之日止的利息；

四、张某、重庆幕墙门窗工程公司对方某上述第一项、第三项债务承担连带清偿责任；

五、驳回周某、林某的其他诉讼请求。

【法官后语】

关联担保一直是审判实践中争议较大的一个问题。对关联关系的认定，对实际控制人的认定，对相对人是否善意的认定，都在实践中存在不小的分歧。本案是公司与其股东为同一债务同时提供担保，是否构成关联担保，应当从关联担保的立法目的等方面进行考察。

一、关联担保的规范梳理

关联担保最早规定于《中华人民共和国公司法》（以下简称《公司法》），而后《全国法院民商事审判工作会议纪要》对此进一步明确，《最高人民法院关于〈中华人民共和国民法典〉有关担保制度的解释》则又有了补充规范。应当说，这些规定对如何认定关联担保、关联担保的表决程序如何限制等是比较明晰的。

《公司法》第十六条规定，公司为公司股东或者实际控制人提供担保的，必须经股东会或者股东大会决议。前款规定的股东或者受前款规定的实际控制人支配的股东，不得参加前款规定事项的表决。该项表决由出席会议的其他股东所持表决权的过半数通过。《全国法院民商事审判工作会议纪要》则进一步明确了关联担保和非关联担保下债权人不同的审查义务。一种情形是为公司股东或者实际控制人提供关联担保，《公司法》第十六条明确规定必须由股东（大）会决议，未经股东（大）会决议，构成越权代表。另一种情形是为公司股东或者实际控制人以外的人提供非关联担保，根据《公司法》第十六条的规定，此时由公司章程规定是由董事会决议还是股东（大）会决议。此外，《最高人民法院关于〈中华人民共和国民法典〉有关担保制度的解释》第八条规定的是公司对外担保不需要决议的情形，其中就包括“公司为其全资子公司开展经营活动提供担保”，这也属于关联担保的规定。

二、如何认定为股东和实际控制人提供担保

准确界定为股东和实际控制人提供担保，是适用《公司法》第十六条的前提。“为公司股东或者实际控制人提供担保”应当从以下两个方面进行把握：一是身份上的限制。根据该条的文意理解，只能是为公司股东和公司的实际控制人提供担保，股东既包括工商登记的股东，也包括间接控股股东，实际控制人则是对公司直接控制或通过其他交易安排对公司形成控制关系的人。二是债务人的限制。该笔债务必须是股东或实际控制人的个人债务，相对于债权人而言，股东和实际控制人是债务人，也只能是债务人。

三、担保人和债务人的身份不会互相转化

本案中，重庆幕墙门窗工程公司的抗辩认为其提供担保的行为变相减轻了张某的责任，即可认定重庆幕墙门窗工程公司系为张某债务进行担保。应当说，重庆幕墙门窗工程公司该观点没有法律依据，二审法院对此也未予支持。其一，担保人和债务人的身份不会互相转化。本案中，控股股东张某的身份是保证人，其对于债权人周某、林某来说，确实是增加了债权人债权实现的可能性。即使张某承担了担保责任，其可以取得债权人对债务人的权利，但张某担保人的身份并没有发生变化。其二，重庆幕墙门窗工程公司在本案中的身份同样是担保人，对重庆幕墙门窗工程公司提供担保的行为是否有效，只需审查债权人有无审查决议文件、是否存在不需要决议文件的情形即可。

编写人：重庆市第五中级人民法院 赵克 邓筱茜 王璐野

24

银行与借款人恶意串通骗取保证人提供担保的，保证人不承担民事责任

——信息公司诉某银行、电缆公司保证合同案

【案件基本信息】

1. 裁判书字号

江苏省无锡市中级人民法院（2023）苏02民终1462号民事判决书

2. 案由：保证合同纠纷

3. 当事人

原告（被上诉人）：信息公司

被告（上诉人）：某银行

被告：电缆公司

【基本案情】

2016年4月5日，电缆公司（其股东为董某和惠某某）向某银行申请贷款1000万元，借款原因为购货及资金回笼，同时提交与案外两公司签订的两份购货合同。某银行内部审查审批表载明上述情况，并确认上述内容与企业提供的合同内容一致，真实有效；该表经时任该分行行长周某签字确认并授信放款。同日，电缆公司与某银行签订借款合同，约定向该行贷款1000万元，用途为“购货”。当日，某银行与信息公司签订保证合同，约定由该公司为某银行与电缆公司在1年内签订的全部主合同提供最高债权额1200万元的保证。随后，银行依照委托指示向案外两公司分别打款500万元。其中打给惠某某实际控制的公司500万元，该款被惠某某收取。

2016年10月9日，因电缆公司无力还款，经某银行审批同意，自筹200万元并申请800万元应急转贷资金用于还贷。同日，电缆公司提供与另一案外公司的购货合同，向某银行申请贷款1000万元，借款原因为：购货及资金回笼、归还应急转贷资金800万元。某银行内部审查审批表载明上述情况，经周某签字确认并授信放款。同日，电缆公司与某银行签订借款合同，约定向该行贷款1000万元，用途为“800万元归还转贷资金、200万元购货”。随后，银行依委托指示向转贷公司和案外公司分别打款800万元和200万元。

2017年9月19日，某银行与信息公司再次签订《保证合同》，约定信息公司为某银行与电缆公司在1年内签订的全部主合同提供最高额债权1000万元的保证。

2017年9月21日，因电缆公司无力还款，其再次自筹200万元并申请800万元应急转贷资金用于还贷。同日，电缆公司另行提供与案外公司购货合同，向某银行申请贷款1000万元，原因与上次相同。经周某在内部审查审批表上签字确认并授信放款。同日，电缆公司与某银行签订借款合同，约定向该行贷款1000万元，用途为“800万元归还转贷资金、200万元购货”。随后，银行再次依委托指示向转贷公司和案外公司分别打款800万元和200万元。

电缆公司的股东惠某某及原某银行行长周某分别因犯骗取贷款罪和受贿罪被判处刑罚。从两个刑事案件认定事实及询问笔录中可知，电缆公司申请贷款所附的4份购货合同均为虚假合同。周某收受惠某某贿赂，利用职务之便，明知电缆公司使用虚假的贷款材料及公司财务数据，惠某某从所获贷款中分得部分贷款、电缆公司无偿还能力，仍为其在贷款授信方面谋利。电缆公司无力还款时，经银行同意，多次找“过桥”资金还贷。第二份保证合同是于最后一次贷款前签订的，银行为确保还款无风险而要求董某找第三人提供保证，董某遂找到信息公司提供保证。

后电缆公司破产，某银行遂起诉要求信息公司承担担保责任。信息公司认为其系受欺诈而签订了案涉保证合同，故提起本案诉讼，要求撤销保证合同。

【案件焦点】

信息公司是否有权申请撤销《保证合同》。

【法院裁判要旨】

江苏省无锡市滨湖区人民法院经审理认为：根据《最高人民法院关于适用〈中华人民共和国民法典〉时间效力的若干规定》的规定，本案系民法典施行前的法律事实引起的民事纠纷案件，关于撤销依据使用《中华人民共和国担保法》及其司法解释规定，关于当事人因受欺诈可撤销合同则适用《中华人民共和国民法典》的规定。信息公司有权以欺诈为由申请撤销《保证合同》。其一，电缆公司在要求信息公司两次提供担保时，隐瞒了贷款的真实原因、真实用款情况以及贷款的操作过程。其二，某银行未对电缆公司提供的企业财务数据（第一次与第三次申请贷款的企业财务数据完全一致）、购货合同等依规进行审核，明知其无力还款，仍同意通过资金“过桥”方式还款并重新贷款。某银行明知电缆公司存在骗贷及骗取担保的行为，仍向信息公司隐瞒三笔贷款的真实情况。其三，信息公司第二次提供担保时，误以为电缆公司全额清偿此前贷款，进而同意再次提供担保。综上，认定信息公司因受欺诈而签订《保证合同》，有权申请撤销。江苏省无锡市滨湖区法院依照《中华人民共和国民法典》第一百四十八条、第一百四十九条，《最高人民法院关于适用〈中华人民共和国民法典〉时间效力的若干规定》第二条的规定，判决：

一、撤销信息公司与某银行于2017年9月19日签订的《保证合同》；

二、驳回信息公司的其他诉讼请求。

某银行不服一审判决，提出上诉。江苏省无锡市中级人民法院经审理认为：某银行未尽职履行审查义务，原某银行行长周某明知电缆公司贷款不符合审批条件且无偿债能力，仍收受惠某某贿赂，违规发放贷款。且无证据证明信息公司知道实际贷款情况。某银行明知借款存在问题，仍与信息公司签订保证合同。故可以认定某银行与电缆公司存在恶意串通，向保证人转嫁风险损害其利益，保证人不承担担保责任。综上，支持信息公司撤销《保证合同》，某银行上诉请求不成立，判决：

驳回上诉，维持原判。

【法官后语】

虽然一、二审法院均是从借款人是否隐瞒贷款真实情况、出借银行是否尽到审查义务、保证人是否明知贷款真实情况等方面综合判断，并得出保证人有权撤销保证合同的同一结果，但一、二审法院的裁判理由并不相同。一审法院认为保证人系因受欺诈而签订案涉《保证合同》，所以有权撤销该合同。二审法院则认为某银行明知电缆公司提供虚假贷款材料且无偿债能力，需由保证人承担保证责任，默示接受电缆公司骗取信息公司提供保证，属于恶意串通损害他人合法权益的民事法律行为，该行为应属无效，但因保证人申请撤销合同，考虑到合同被撤销后归于无效，故二审法院支持了信息公司的请求。虽然裁判结果相同，但从考虑行为性质、举证责任、法律后果等因素，二审法院对法律适用予以调整，具体理由论述如下：

1. 恶意串通与欺诈的构成要件不同。根据《中华人民共和国担保法》第三十条规定，主合同当事人双方串通骗取保证人提供保证的、主合同债权人以欺诈手段使保证人提供保证的，保证均不承担民事责任，但两种行为的构成要件不同。其中，恶意串通的构成要件为：一是主合同当事人主观恶意，即双方明知为某种行为会使保证人受骗而提供损害其利益的保证，仍故意为之；二是主合同当事人互相串通，即双方应具有骗取保证人提供保证的共同目的，为达到该目的而互相配合或共同实施某行为，互相配合主要是一方先作出意思表示，另一方明知但仍以默示方式接受；三是保证人因受骗而提供了保证。欺诈的构成要件为：一是债权人有欺诈行为，既包含作为的欺诈（如故意使保证人陷入错误或阻碍保证人发现错误），也包含不作为的欺诈（债权人负有告知义务而故意不告知）；二是债权人有欺诈的故意，即债权人应有故意作出某种行为，使保证人受欺诈而陷入错误的目的；三是保证人因债权人的欺诈而陷入错误认知；四是保证人陷入错误认知与欺诈行为存在因果关系。

2. 恶意串通与欺诈的举证责任及法律后果不同。就恶意串通与欺诈而言，保证人的举证责任、证明程度，以及法律后果均存在一定差异。对于恶意串通而言，保证人需要证明主合同双方主观上具有损害自己的意图，客观上存在串通行为，实际上损害其合法权益。该恶意串通行为应以社会一般观念为标准，通过主合同双方实施的行为来判断。恶意串通损害他人合法权益行为的法律后果，无论是《中华人民共和国民法典》还是《中华人民共和国民法通则》《中华人民共和国合同法》，始终都将其规定为无效。对于欺诈而言，保证人需证明债权人存在欺诈故意、欺诈行为，其因此陷入错误认知；即使对于《中华人民共和国民法典》第一百四十九条规定的第三人欺诈，即保证合同以外的债务人所为的欺诈，除需对债务人所实施的欺诈行为和因果关系承担举证责任外，还需证明债权人知道或应当知道存在该欺诈行为。对于以欺诈手段订立的合同，《中华人民共和国合同法》采无效与可变更、可撤销二元立法模式，损害国家利益的无效，损害其他利益的则可变更或可撤销；《中华人民共和国民法典》及《中华人民共和国民法总则》则统一规定欺诈为民事法律行为的可撤销事由。

就本案而言，对于主合同当事人双方串通骗取保证人提供保证，保证人应证明借款人电缆公司未披露其借款的真实原因及用途等骗取保证人提供保证、债权人明知借款存在问题仍放任或默示接受保证人的保证。对于债权人欺诈使保证人违背真实意思提供保证，则须证明某银行存在欺诈故意、欺诈行为等。对于债务人欺诈使保证人提供保证，除须证明电缆公司就《保证合同》订立存在欺诈行为及因果关系外，还需证明某银行知道或应当知道该欺诈行为。

综上论述，该类案件的审查难点主要在于银行与借款人之间是否存在恶意的串通行为。该恶意串通行为往往较为隐蔽，仅根据合同文本难以判断，还需要法官充分发挥法庭在举证、质证、辩论方面的功能，引导保证人对此充分举证，依社会一般观念，通过银行与借款人所实施的行为本身来认定是否属于恶意串通。当然，本案的特殊之处在于，原某银行行长周某及骗取贷款的惠某某因涉及相关刑事案件被公安机关询问，从而进一步查实银行与借款人之间存在谋划实施的损害保证人利益行为的相关证据。

编写人：江苏省无锡市中级人民法院　尹慧　宋婉龄

25

保证人虽主张担保人字样系事后添加，但通过其他事实能够推定为保证人的，应承担保证责任

——丁某某诉袁某甲等民间借贷案

【案件基本信息】

1. 裁判书字号

江苏省无锡市中级人民法院（2023）苏02民终1112号民事判决书

2. 案由：民间借贷纠纷

3. 当事人

原告（被上诉人）：丁某某

被告（上诉人）：袁某甲

被告：袁某乙、葛某、卫某某

【基本案情】

丁某某与袁某乙、葛某夫妻因矿石生意结识。2016年12月21日，袁某乙、葛某、卫某某作为共同借款人向丁某某出具借条借款50万元，丁某某同日向袁某乙转账50万元。借款数日后，该借条借款日期下方书写内容为：担保人：袁某甲、袁某甲电话号码、袁某甲身份证号码。借款到期后上述三借款人仅归还了部分款项，丁某某起诉要求袁某乙、葛某、卫某某归还借款425000元及相应利息，袁某甲承担连带担保责任。

诉讼中，袁某甲称，其本人签名、电话号码及身份证号码均为其本人书写，但其只是作为见证人在借条上签名，帮其姐姐做个见证，“担保人”字样非其本人书写且在签字时未有“担保人”字样，“担保人”三个字明显是丁某某后

加的，并申请法院对“担保人”字样进行笔迹鉴定、对“担保人”字样与其签名的笔迹形成时间进行鉴定。

诉讼中，丁某某称，其出借款项时就曾表示袁某乙、葛某夫妻及他们的儿子卫某某作为借款人有偿还不能的风险，要求三借款人找人担保，袁某乙就称她弟弟袁某甲在成都做飞行员，等袁某甲来了补签担保人。借款几日后，袁某甲来到袁某乙的厂里，丁某某称其就将借条带过去让袁某甲签字，所以“担保人”三个字要么是袁某甲写的、要么是袁某乙写的。

袁某乙称，借款几日后，其弟袁某甲来厂里玩，丁某某也来了，说让袁某甲也签个字，没说是担保，其碍于情面，就让袁某甲签了个字见证一下，并跟袁某甲表示他只是见证人，袁某甲签字时借条上没有“担保人”三个字，“担保人”三个字也并非其书写。

【案件焦点】

袁某甲是否系案涉借款的连带保证人。

【法院裁判要旨】

江苏省江阴市人民法院经审理认为：袁某甲依法应当认定为案涉借款的连带保证人。理由为：1. 丁某某提供的借条中明确载明袁某甲本人签字、书写电话号码及身份证号码，在袁某甲与丁某某并不相识的情况下，如无袁某乙居中联络，袁某甲亦不可能在已由丁某某保管的在先形成的借条上签字，丁某某陈述因出借款项50万元金额较大而要求借款人袁某乙提供担保，鉴于袁某甲飞行员的社会身份及信誉，进而产生袁某甲签字担保，并详细注明电话号码、身份证号码等信息，该陈述与常理相符。2. 袁某甲在案涉借条中签字，其应当对其签字性质予以明确，其称系以见证人身份签字，但案涉借条中袁某甲并未标明其作为“见证人”的相关内容和记载，此外，袁某甲在签字之前案涉借条已经形成，袁某甲对借款是否及如何支付均未见到，且不认识丁某某，即袁某甲对其见证内容和为何具有见证人身份均未作出合理说明，该院对其该项抗辩依法不予采信。综上，现有证据中载明“担保人：袁某甲”，无论存有争议担保人是何人何时书写，根据上述分析足以认定丁某某提供了认定袁某甲系案涉借款的担保人的优势证据。

江苏省江阴市人民法院依照《中华人民共和国担保法》第十九条等相关规定，判决：

一、袁某乙、葛某、卫某某偿还丁某某借款425000元及相应利息；

二、袁某甲对上述第一项债务承担连带清偿责任。

袁某甲不服一审判决，提出上诉。江苏省无锡市中级人民法院经审理认为：根据目前现有证据，可以认定袁某甲系案涉借款的连带保证人。理由有二，1. 在丁某某提供的借条中，袁某甲的签字前明确记载了“担保人”三个字，借条这一书证初步体现了袁某甲的担保人身份。2. 袁某甲上诉主张其只是作为见证人签字，签字时未有“担保人”三个字，系丁某某事后添加。对其该上诉意见，首先，丁某某系与葛某、袁某乙相识，达成借贷合意及款项交付均直接发生在丁某某与葛某、袁某乙之间而未有中间人居间联络，丁某某与袁某甲素不相识，袁某甲作为借款人袁某乙的弟弟在借条上签字并详细注明电话号码和身份证号码，不合常理；其次，袁某甲签字时距案涉借条形成及借款交付已过至少一周，袁某甲对借条如何形成及款项如何交付均未见到，亦未对其为何见证、见证什么内容作出合理说明；再次，“担保人”三个字不论是否为袁某甲所写，也不能据此判断“担保人”三个字是否系事后添加，一审法院未予准许袁某甲关于笔迹鉴定的申请并无明显不当；最后，袁某甲并未举证证明其所称的丁某某与袁某乙可能存在恶意串通、骗其为案涉借款提供担保的行为。综上，通过上述事实的分析，能够认定袁某甲是作为保证人签字，对袁某甲关于其仅是见证人的上诉主张不予支持。

江苏省无锡市中级人民法院依照《中华人民共和国民事诉讼法》第一百七十七条第一款的规定，判决如下：

驳回上诉，维持原判。

【法官后语】

随着社会公众法治意识的不断增强，越来越多的出借人出借款项时会要求借款人提供担保人，实践中，出借人、借款人的共同朋友作为“见证人”担当此角色的情况最为普遍。根据《最高人民法院关于审理民间借贷案件适用法律若干问题的规定》第二十条规定，他人在借据、收据、欠条等债权凭证或者借款合同上签名或者盖章，但是未表明其保证人身份或者承担保证责任，或者通过其他事实不能推定其为保证人，出借人请求其承担保证责任的，人民法院不予支持。

借款担保纠纷中存在一种特殊情况是，虽保证人签名前有手写的表明保证人身份的“担保人”字样，但保证人主张其签名时未有“担保人”字样，“担保人”系出借人事后添加，其仅是见证人，并申请笔迹鉴定及形成时间鉴定。是否准许鉴定、具体鉴定内容及如何判断是否为保证人成为借款担保纠纷中的一大难题。保证人恶意申请鉴定拖延时间的情形也较为常见。

一、担保人字样是否系事后添加及由何人书写的鉴定障碍和事实认定障碍

“担保人”字样是否系签名后补写涉及形成时间鉴定，但如“担保人”字样与签名的形成时间间隔过短，即使鉴定结果为同一时间形成，也不能确定签名时是否存在“担保人”字样，可能存在签名后交给出借人、出借人立马添加“担保人”字样的情况。“担保人”由何人书写涉及笔迹鉴定，存在出借人、借款人，甚至由其他人书写多种情况。即使鉴定结果为“担保人”字样由出借人书写，也不能据此判断“担保人”三个字是否系事后添加，可能存在出借人先书写“担保人”字样后再交给保证人签名的情况。因此，在形成时间的鉴定本身即较为困难、可能无法鉴定的情况下，叠加担保人字样是否系事后添加及由何人书写的鉴定结果不一定对事实认定具有帮助的因素，准许鉴定应审慎。

二、能动司法理念指导下通过其他事实能够推定具有保证人身份的应认定承担保证责任

“谁主张，谁举证”是民事诉讼的基本原则，诉争双方应当对其主张提供相应的证据证明。如除借条外，双方再无其他证据证明系保证人还是见证人身份，且不启动担保人字样是否系事后添加及由何人书写的鉴定的情况下，应在能动司法理念指导下，综合各方当事人的身份关系、借款担保的间隔时间、保

证人与见证人的不同属性等因素综合判断，能够推定保证人身份的，亦应认定承担保证责任，防止保证人恶意提出鉴定申请、拖延时间。见证人系在场看见双方实施借款行为的证人，起到证明借贷关系的作用，而保证人则要对债务承担连带清偿责任。是否为保证人的推定，可从以下角度分析：

一是从书证的证明力分析。出借人提供的借条中，已明确记载了“担保人”字样，在“担保人”字样后签名初步体现了签名人的担保人身份，除非签名人提供相反证据证明其仅是见证人。二是从各方身份关系结合经验分析。比如，本案的借贷双方相互熟识，在“担保人”字样后签名的人袁某甲系借款人弟弟，出借人与袁某甲此前并不认识，袁某甲也并非案涉借款的居中联络、介绍人，在此情况下，袁某甲在借条上仅是作为见证人签字并详细注明电话号码和身份证号码，不合常理。三是从借款担保的间隔时间分析。袁某甲签字时距案涉借条形成及借款交付已过至少一周时间，袁某甲对借条如何形成及款项如何交付均未见证，亦未对为何见证、见证什么内容作出合理说明，很难认定其仅是见证人身份。

编写人：江苏省无锡市中级人民法院 刘英 尹慧

26

有偿担保行为的合同效力认定

——熊某诉韦某、夏某合同案

【案件基本信息】

1. 裁判书字号

重庆市第三中级人民法院（2022）渝 03 民终 1198 号民事判决书

2. 案由：合同纠纷

3. 当事人

原告（上诉人）：熊某

被告（被上诉人）：韦某、夏某

【基本案情】

熊某系重庆市南川区某房屋的权利人，韦某系熊某女儿的朋友。2012年12月起，重庆某银行与熊某等人连续四年签订《抵押合同》，约定由熊某以案涉房屋为韦某及夏某名下公司的银行贷款提供抵押担保，并办理了抵押登记。同时，熊某与韦某等人约定，由韦某等人每年年底向熊某支付6万元费用，逾期则每月支付违约金1200元。案涉贷款于2017年全部还清，抵押登记注销。2019年2月，熊某与韦某、夏某签订《债务清偿协议》，该协议约定：2013年1月至2016年12月，熊某以案涉房屋用于韦某等人在银行借款抵押担保，至2018年12月共计产生抵押费及违约金41.28万元。双方根据该金额重新作了分期还款约定。协议约定的还款期限到期后，韦某等人仍未还款，熊某遂向法院提起本案诉讼，要求支付担保费及违约金。

【案件焦点】

熊某与韦某等人关于担保费用的合同约定是否有效。

【法院裁判要旨】

重庆市南川区人民法院经审理认为：融资担保，是指担保人为被担保人借款、发行债券等债务融资提供担保的行为。本案中，熊某连续四年为韦某和夏某名下公司的银行贷款提供房产抵押，并约定收取费用的行为，符合融资担保的构成要件，应当认定为从事融资担保业务的行为。《融资担保公司监督管理条例》第六条第三款规定，未经监督管理部门批准，任何单位和个人不得经营融资担保业务。故，熊某、韦某、夏某约定由熊某为韦某和夏某名下公司的银行贷款提供房产抵押并收取费用的行为，违反了行政法规的强制性规定，该约定无效，熊某要求韦某、夏某支付抵押担保费用及违约金的诉讼请求依法不予支持。

重庆市南川区人民法院依照《最高人民法院关于适用〈中华人民共和国民

法典〉时间效力的若干规定》第一条第二款，《中华人民共和国合同法》第五十二条、第五十六条、第五十八条，《融资担保公司监督管理条例》第二条、第六条，《最高人民法院关于适用〈中华人民共和国民事诉讼法〉的解释》第九十条之规定，作出如下判决：

驳回熊某的诉讼请求。

熊某不服一审判决，提出上诉。重庆市第三中级人民法院经审理认为：本案中熊某据以提供担保的是其自有房屋，且抵押担保的对象相对固定，并无证据证明熊某还存在其他融资担保并收取费用的行为，其行为并非从事针对不特定多数人并收取报酬的经营性融资担保业务，属于普通公民之间偶发的互助、互惠行为，收取一定费用并无不当，该类行为不宜一律认定为无效。本案《清偿债务协议》经本案双方当事人签字确认，视为韦某、夏某再次确认自愿向熊某支付担保费和违约金，该协议并未违反法律法规禁止性规定，合法有效，但双方约定的违约金过高且计算方式不当，应当予以调减。

重庆市第三中级人民法院依照《最高人民法院关于适用〈中华人民共和国民法典〉时间效力的若干规定》第一条第二款，《中华人民共和国合同法》第五条、第六条、第八条、第一百零七条、第一百一十二条、第一百一十四条，《中华人民共和国民事诉讼法》第六十七条第一款、第一百五十五条、第一百七十七条第一款第二项规定，作出如下判决：

一、撤销重庆市南川区人民法院（2022）渝0119民初164民事判决；

二、韦某于判决生效之日起十日内向熊某支付24万元抵押费及相应违约金，夏某对韦某以上债务承担连带清偿责任；

三、驳回熊某的其他诉讼请求。

【法官后语】

违反法律、行政法规强制性规定的合同，依法应认定为无效，合同条款违反部门规章且影响金融安全、市场秩序、国家宏观政策等公序良俗的也应认定为无效。普通公民为他人的借贷提供有偿担保，是否等同于经营融资担保业务进而为法律所禁止，实践中存在一定争议，本案对于该类有偿担保行为的性质认定具有一定的典型意义。

1. 经营融资担保业务的主体。融资担保一般指为企业、个人借款或发行债券提供担保，以帮助其获得信贷融资的行为，融资担保业务通常由担保公司、银行、信托公司等金融机构提供。我国对于融资担保行为实施严格管控，中国银监会、国家发改委等七部委于2010年制定的《融资性担保公司管理暂行办法》第八条第三款规定“任何单位和个人未经监管部门批准不得经营融资性担保业务……”于2017年10月1日起施行的《融资担保公司监督管理条例》也规定“未经监督管理部门批准，任何单位和个人不得经营融资担保业务”。前述行政法规和部门规章，其立法目的是规范专业从事经营性融资担保业务的市场主体，这类主体往往长期、反复面向不特定多数人提供融资担保服务，并以收取担保费为主要营利手段，且承担着较重的信用风险。国家通过强制准入制度，对经营性的融资担保机构严加管控，目的就是规范金融市场，维护金融安全。从理论上看，单位或个人都可能成为“经营融资担保业务”的主体，此时就应以是否取得监管部门批准作为其行为是否合法的依据。

2. 有偿担保的性质认定。个人对外提供担保，可能基于亲友关系的帮助支持，可能出于商业合作与信任，当然也有可能系经营融资担保业务。司法实践中，不能简单地以担保是否收费作为认定行为人从事融资担保业务的唯一标准，而应当结合其行为模式、动机、对象、频率等实际情况综合判断。本案中，熊某连续四年以其自住房屋为固定对象的银行贷款提供抵押担保，且无任何证据证明其还实施了其他担保收费行为，其行为并非从事针对不特定多数人并收取报酬的经营性融资担保业务，而属于普通公民之间偶发的互助、互惠行为。熊某以自有财产为他人贷款提供担保，系在自己财产上设定较重的负担，客观上面临财产损失风险。经双方协商适当收取一定费用并无明显不当，该行为未危害国家利益和社会公共利益，本案合同合法有效。司法在维护金融安全的同时，应充分尊重公民意思自治和社会善良风俗，若对公民间的有偿互助行为动辄得咎，不利于激发市场活力和营商环境优化。

3. 担保费率应予限制。在认定有偿担保合同有效的前提下，司法对于担保费的保护上限不宜过高，否则可能加重借款方的融资成本，不利于资金融通，甚至滋生变相高利贷。所以，人民法院支持的担保费比例应控制在合理范围内。现行法律未对融资担保行业的收费标准进行明确规定，《融资性担保公司管理暂行办法》第二十六条规定："融资性担保公司收取的担保费，可根据担保项目的风险程度，由融资性担保公司与被担保人自主协商确定，但不得违反国家有关规定。"所以，非经营性质的有偿担保，其费率应充分尊重双方约定，可不作强制性限制，但原则上应围绕银行同期贷款利率上下浮动，且不宜高于当地融资担保公司同类型融资担保费用，担保费加借款利率也不应高于民间借贷法定保护利率的上限。此外，对于逾期支付担保费的违约金，当事人主张调整的，应以实际损失为基础，兼顾合同的履行情况、当事人的过错程度以及预期利益等综合因素，结合民法的公平、诚信原则予以考量，本案违约金约定明显过高且计算方法不合理，二审依法予以调整。

编写人：重庆市第三中级人民法院　余陈洋

三、抵 押

27

“法定代位权”中抵押物优先受偿的例外情况分析

——某融资担保公司诉陈某追偿权案

【案件基本信息】

1. 裁判书字号

浙江省天台县人民法院（2023）浙 1023 民初 1274 号民事判决书

2. 案由：追偿权纠纷

3. 当事人

原告：某融资担保公司

被告：陈某

【基本案情】

2021 年 8 月 23 日，陈某向案外人农商银行按揭贷款 76200 元，某融资担保公司根据陈某的申请为该笔贷款提供连带责任保证。某融资担保公司与陈某就提供担保服务等事宜约定：陈某将其所有的车辆向某融资担保公司提供第二顺位抵押担保，代偿债务的利息自代偿之日起按照月利率 20‰计算。农商银行依约足额发放贷款。截至 2023 年 2 月，陈某多次逾期，某融资担保公司为此累计代偿 61211.32 元，该笔贷款已结清，陈某未归还代偿款，某融资担保公司遂将陈某诉至法院。

另查明，某融资担保公司与陈某未就涉案车辆第二顺位抵押权办理抵押登记。

【案件焦点】

某融资担保公司的优先受偿权能否对抗善意第三人。

【法院裁判要旨】

浙江省天台县人民法院经审理认为：保证人承担保证责任后，除当事人另有约定外，有权在其承担保证责任的范围内向债务人追偿，享有债权人对债务人的权利，但是不得损害债权人的利益。某融资担保公司为陈某向案外人农商银行的借款提供连带责任保证，因陈某未能按约履行还款义务，某融资担保公司作为连带责任保证人履行了代偿义务。某融资担保公司要求陈某归还上述担保代偿款，应予支持。

陈某除了以其所有的车辆向农商银行提供担保以外，还就该车辆向某融资担保公司提供反担保。以动产抵押的，抵押权自抵押合同生效时设立；未经登记，不得对抗善意第三人。某融资担保公司代偿后，第一顺位抵押权人农商银行的抵押权已消灭，现第二顺位抵押权人某融资担保公司要求以抵押财产的折价或者以变卖、拍卖该抵押财产所得价款优先受偿，符合法律规定，人民法院应予支持。由于某融资担保公司第二顺位抵押权未办理抵押登记，该优先权不得对抗善意第三人。

浙江省天台县人民法院依照《中华人民共和国民法典》第三百八十九条、第三百九十四条、第四百零三条、第四百零四条、第四百一十三条、第五百七十七条、第七百条之规定，判决：

一、限被告陈某在本判决生效之日起十日内偿还原告某融资担保公司代偿款 61211.32 元并赔偿利息损失（利息损失从 2023 年 2 月 8 日起按照全国银行间同业拆借中心公布的一年期贷款市场报价利率四倍计算至清偿之日止）；

二、原告某融资担保公司对被告陈某所有的车辆的折价或拍卖、变卖所得价款在上述第一项范围内享有优先受偿权，该优先权不得对抗善意第三人。

一审宣判后，双方当事人均未提起上诉，现判决已生效。

【法官后语】

《中华人民共和国民法典》（以下简称《民法典》）第七百条规定："保证人承担保证责任后，除当事人另有约定外，有权在其承担保证责任的范围内向债务人追偿，享有债权人对债务人的权利，但是不得损害债权人的利益。"保证人承担保证责任后享有"债权人对债务人的权利"，该权利学理上称为"法定代位权"[①]。《最高人民法院关于适用〈中华人民共和国民法典〉有关担保制度的解释》第十八条第二款规定："同一债权既有债务人自己提供的物的担保，又有第三人提供的担保，承担了担保责任或者赔偿责任的第三人，主张行使债权人对债务人享有的担保物权的，人民法院应予支持。"实务中，担保人代偿后行使"法定代位权"，往往一并主张自己对债务人提供的抵押物享有优先受偿权，然而此种权利的行使并非毫无限制，在具体规范层面如何深入理解值得我们探讨。下文笔者拟从两个方面谈谈看法。

一、担保人就抵押物行使优先受偿权不应该丧失顺位利益

《中华人民共和国担保法》（以下简称《担保法》）第三十一条规定："保证人承担保证责任后，有权向债务人追偿。"可见《担保法》已就保证人对债务人享有的追偿权进行了规定，但《民法典》除了继承原有《担保法》关于追偿权的规定外，还额外增加了关于法定代位权的规定。实质上，保证责任的承担实际是保证人履行保证合同项下约定的给付义务，保证人向债权人承担责任后，保证债务因清偿而消灭。债务人虽不再向债权人履行给付义务，但并不意味着主债权消灭，而是移转给了保证人。故法定代位权的本质系主债权的法定转移，追偿权是法定代位权产生的前提和基础，法定代位权从属于追偿权[②]。

---

① 最高人民法院民法典贯彻实施工作领导小组主编：《中华人民共和国民法典合同编理解与适用（二）》，人民法院出版社2020年版，第1391页。

② 最高人民法院民法典贯彻实施工作领导小组主编：《中华人民共和国民法典合同编理解与适用（二）》，人民法院出版社2020年版，第1391页。

参照债权转让中主债权发生转移时，其从权利应随之一同转移的规则，主债权法定转移，作为从权利的担保物权一并发生转移是应有之义。

既为权利的转移，那么担保人作为权利“受让方”就抵押物优先受偿的请求权基础实际来源于担保物权“出让方”，其行使权利的边界应与后者相同。现实中，我们经常碰到“一物二抵”的情况，关于抵押权的顺位，我国采用顺位升进主义，即顺序在先的抵押权因实行抵押权以外的原因消灭时，顺序在后的抵押权顺序当然升进。顺序在先的抵押权因担保人清偿债务，是否意味着该抵押权自然消灭？如果认为抵押权随之消灭的，那么形成在后的抵押权将相继取代在先抵押权的位置。根据上文，担保人代为履行并非权利的消灭，而是权利的转移，担保人行使“法定代位权”不应导致抵押权顺位利益的丧失。在抵押权均已登记的前提下，担保人享有优先于后一债权的抵押权人的权利，人民法院应根据《民法典》第四百一十四条的规定确定拍卖、变卖抵押财产所得价款的清偿顺序。此外，将本案裁判文书说理中“某融资担保公司代偿后，第一顺位抵押权人农商银行的抵押权已消灭”的表述更换为“某融资担保公司代偿后，第一顺位抵押权人农商银行的抵押权已转移至某融资担保公司”可能更加符合“法定代位权”的法律逻辑。

二、人民法院应审查是否存在抵押物优先受偿的限制因素

与抵押物优先受偿具有密切利害关系的主体一般有二：一是该笔债务的债权人；二是抵押物的买受人。担保人主张抵押物优先受偿，既不能损害该笔债务债权人的利益，也不能对抗已经善意取得抵押物所有权的买受人。

（一）保证人代为清偿部分债务的情形

尽管保证人在承担保证责任后享有债权人对债务人的担保物权，但在保证人仅承担部分担保责任的情况下，为保护债权人的利益，担保人取得的担保物权应当劣后于债权人的剩余债权，否则债权人可获清偿的抵押财产价值将显著缩水，利益因此受损。债务人和保证人的关系属于内部关系，而债务人、保证人与债权人的关系属于外部关系，在二者相互冲突的情况下，要优先满足外部关系，即适用债权人利益优先原则。保证人对担保物行使优先受偿权应当具备

前提条件，即保证人仅可在该笔债务的债权人已获全额清偿且担保物尚有残值的情形下，方可就该抵押物实现担保物权。保证人仅清偿部分债务，随即主张行使抵押物优先受偿权，因主债务尚未全部清偿完毕，该优先权的行使损害了债权人的利益，故人民法院不应支持。

（二）保证人代为清偿全部债务的情形

尽管此时保证人得以完全主张债权人对债务人享有的担保物权，但因动产抵押登记对抗制度的影响，某些情况下保证人亦无法实现担保物权。

第一，债权人未办理动产抵押登记。《民法典》第四百零三条规定："以动产抵押的，抵押权自抵押合同生效时设立；未经登记，不得对抗善意第三人。"该条文中的"第三人"主要是指买受人，而非担保物权人。买受人善意取得抵押物所有权，此时抵押权人（债权人）不得基于抵押权的追及效力向善意买受人主张抵押权，只能要求抵押人重新提供担保。债权人尚且无法就抵押物优先受偿，保证人自然亦无法基于"法定代位权"对抵押物行使优先受偿权。

第二，债权人办理了动产抵押登记，但债权人在债务清偿后注销了抵押登记或者未注销抵押登记，但已流转给了善意买受人。关于第一种情况，保证人代偿后取得债权人对债务人的权利，因该担保物权的移转属于法定转移，权源来自法律规定，故无须办理变更登记即生效。但是，债权人仍应当审慎办理抵押权注销登记，否则可能因上述所有权善意取得制度导致保证人无法就抵押物优先受偿，损害保证人的利益。关于第二种情况，通常来说，此时保证人代位行使抵押物优先受偿权当无障碍，但也存在例外情形。《民法典》第四百零四条规定："以动产抵押的，不得对抗正常经营活动中已经支付合理价款并取得抵押财产的买受人。"本条是对动产抵押不得对抗抵押财产正常流转的规定，在正常经营场合，这些抵押财产不再是抵押权的客体，保证人自然无法对这些动产行使优先受偿权。

第三，保证人行使法定代位权时，有关担保物权已过诉讼时效。如前所述，履行完毕保证责任的保证人对债务人享有的权利包括追偿权与法定代位权，其中法定代位权实质上可被视作保证人自债权人处继受取得，故其诉讼时效的起算与期间，应当与原债权相同[①]。也即若原债权的诉讼时效期间经过，则保证人便不能再基于法定代位权主张对抵押物的优先受偿权。但上述期间能否适用诉讼时效中断的规定，并未有明确的法律条文予以规定，仍有待新的司法解释出台。值得一提的是，追偿权的法律性质在学理界仍然存在争议，故其诉讼时效的起算时间也尚未明确，但笔者认为其诉讼时效的计算应当独立于原债务，其起算时间应当自保证人履行完毕自身保证义务，能够向债务人主张追偿权之日起计算，但追偿权并非本文讨论的重点，在此不详细展开论述，仅将观点展出以供参考。

《民法典》及其相关司法解释正式实施后，"法定代位权"首次以成文法形式明确规定，既积极回应了经济市场关切，也有助于进一步构建完善的债法制度体系，更好地引导市场主体合理安排交易行为，诚信履约。人民法院依法保障保证人就抵押物享有优先受偿权，有利于维护社会经济秩序，也有利于弘扬诚信的社会主义核心价值观。

编写人：浙江省天台县人民法院　郑瑶　钱鑫

28

职业放贷人的多维度认定标准

——李某等诉周某2、孙某抵押合同案

【案件基本信息】

1. 裁判书字号

北京市第三中级人民法院（2021）京03民终17072号民事判决书

① 徐涤宇、张家勇主编：《〈中华人民共和国民法典〉评注》，中国人民大学出版社2022年版，第757页。

2. 案由：抵押合同纠纷

3. 当事人

原告（被上诉人）：李某、周某1、周某

被告（上诉人）：孙某

被告：周某2

【基本案情】

周某甲为案涉房屋的原所有权人，周某甲去世后，其继承人为李某、周某2、周某1、周某，四名继承人在办理了继承权公证并约定由四名继承人共同继承涉案房屋，此后并未办理变更登记。2015年10月29日，周某2持伪造的公证书单独前往北京市朝阳区不动产登记事务中心申请办理了涉案房屋的所有权转移登记，并办理了相关不动产权证书。后周某2向孙某借款250万元，并与孙某签订了《主债权及房屋抵押合同》，就案涉房产办理了抵押登记。2019年12月26日，北京市朝阳区人民法院作出行政判决书，判决撤销了为周某2颁发的不动产登记证书。三原告认为周某2、孙某之间恶意串通损害三原告的合法权益，且孙某为职业放贷人，涉嫌套路贷，因此抵押合同应当无效，抵押权当然无效；孙某在办理抵押登记前未到抵押房屋了解实际情况，并未对借款人就抵押房屋的处置权利进行审慎审查，抵押权利存在瑕疵，应属无效。孙某认为其合法取得案涉房屋的抵押权并办理了抵押登记，抵押权合法有效；其并不是司法机关认定的职业放贷人，故抵押合同应为有效。另查明，孙某在2015年至2016年出借资金12次。

【案件焦点】

《主债权及房屋抵押合同》是否存在无效情形。

【法院裁判要旨】

就三原告认为孙某并未就抵押房屋的处置权利进行审慎的审查、抵押权利存在瑕疵及案涉抵押材料为虚假、孙某与周某2恶意串通、欺诈一节，法院认为，根据《中华人民共和国物权法》的规定，不动产物权的设立、变更、转让和消灭，依照法律规定应当登记的，自记载于不动产登记簿时发生效力；不动产权属证书是权利人享有该不动产物权的证明。周某 2 与孙某签订案涉借款合同时，1501 室房屋登记的权利人为周某 2，即签订合同时周某 2 系 1501 室房屋具有公示公信效力的不动产物权所有人，则此时周某 2 有权对其享有所有权的不动产进行处分，包括在其上设立抵押。虽周某 2 将 1501 室房屋变更至其名下的行为此后经本院作出的（2019）京 0105 行初 790 号行政判决书予以撤销，但并不影响孙某此前基于公示公信效力取得 1501 室房屋的抵押权；从现有的三原告提交的证据及公安机关立案调查的情况来看，均不足以证明孙某知晓房屋登记的权利人存在与实际情况不符的情形，亦不能证明孙某与周某 2 存在恶意串通或欺诈情形。就三原告称孙某系职业放贷人因此合同应为无效一节，法院认为，通过北京市中信公证处、北京市方正公证处调取的执行证书的情况来看，孙某于 2015 年至 2016 年，曾先后向不同主体分别出借了多笔款项：从出借次数上看，孙某两年期间内出借资金次数达到 12 次；从出借金额上看，出借金额累计达到 2610 万元；从出借对象上看，借款人主体各不相同，具有不特定性的特点；从利息标准上看，该 12 笔借款中，除 2 笔按同期银行贷款利率四倍标准计算外，其余借款均约定月利率 2%，利率设置及借款目的具有营利性；从《借款合同》的签订形式上看，均采用向公证处申请办理借款公证、赋予其强制执行效力，并于借款到期后向公证处申请《执行证书》，而从其中四份公证处作出不予出具执行证书的决定原因看，4 笔借款中均涉及李某陈述借款人与北京投资基金管理有限公司联系借款事宜，有时安排孙某作为出借人，后公证处以确认债权债务关系缺乏相应的事实和法律依据为由对该四笔借款均作出了不予出具执行证书的决定。前述《主债权及房屋抵押合同》的签订形式及履行过程中出现的事由有违一般自然人之间民间借贷的常态。综合以上几个方面，孙某的出借行为具有反复性、经常性，借款目的具有营业性，符合职业放贷的法律特征，应当认定为职业放贷人。根据《中华人民共和国合同法》第五十二条及《中华人民共和国银行业监督管理法》第十九条规定，孙某未经批准，擅自从事经常性的贷款业务，属于从事非法金融业务活动，故其与周某 2 签订的

《主债权及房屋抵押合同》因违反效力性强制性规定，应为无效。三原告据此主张周某 2、孙某注销 1501 室房屋上的抵押权登记，有事实及法律依据。最后，一审法院判决：

一、确认被告周某 2 与被告孙某于 2016 年 5 月 24 日签订的《主债权及房屋抵押合同》无效；

二、被告周某 2、孙某于本判决生效之日起十日内办理坐落于北京市朝阳区 1501 室房屋上的抵押权注销登记手续。

一审判决作出后，原审被告孙某提出上诉，北京市第三中级人民法院作出二审判决：驳回上诉，维持原判。

【法官后语】

本案是通过事实查明认定职业放贷人并据此认定抵押合同无效的典型案件，从本案能够体现出，职业放贷人的认定需要结合多维度综合判断，通过严格的证据审查进而判断是否构成职业放贷人，既能充分保护借款人、财产权利人等相关权利主体的利益，也能更好地维护金融管理秩序、保障社会资金安全。

《中华人民共和国银行业监督管理法》第十九条规定：未经国务院银行业监督管理机构批准，任何单位或者个人不得设立银行业金融机构或者从事银行业金融机构的业务活动。该条规定直接关系到国家金融管理秩序和社会资金安全，事关社会公共利益，属于效力性强制性规定。《中华人民共和国合同法》第五十二条规定：有下列情形之一的，合同无效：（一）一方以欺诈、胁迫的手段订立合同，损害国家利益（民法典第一百四十四条）；（二）恶意串通，损害国家、集体或者第三人利益（民法典第一百四十六条第一款）；（三）以合法形式掩盖非法目的（民法典第一百五十三条第一款）；（四）损害社会公共利益（民法典第一百五十三条第二款）；（五）违反法律、行政法规的强制性规定（民法典第一百五十四条）。根据前述法律规定，如经审理查明后认定出借人为职业放贷人，其擅自从事经常性的贷款业务，属于从事非法金融业务活动，相应的借款合同及抵押合同因违反效力性强制性规定，应为无效。

职业放贷人的法律特征一般为出借行为的反复性、经常性，出借对象的不特定性、借款目的营业性，其出借行为有违一般民间借贷的常态。就本案而言：其一，出借人在两年期间内的出借次数达到十余次，个人借款人的出借金额累计达到2000余万元，具有反复性、经常性的特征；其二，出借对象各不相同，且能够查明的部分借款人均称其与出借人并不认识，而是通过中间人介绍，具有出借对象不特定、借款背景缺少基本事实依据的特征；其三，利率设置上多笔均按照月利率2%的标准设定，高于一般民间借贷设置的利率标准；其四，每笔借款均办理了赋强公证，在出借人申请执行证书时，公证处就多笔借款作出了不予出具执行证书的决定，多笔不予出具的理由之间有重合（出现了相同的介绍借款的人员及公司），通过该细节的审查能够进一步加强审理过程中的内心确信。

从前述几个角度的分析可以看出，对职业放贷人的认定重在对证据的审查和认定，如仅有出借次数或出借金额或利率设置等单一因素，难以直接认定具有职业放贷的法律特征，只有通过多维度的证据审查，从出借背景、出借行为、借款的履行情况及追偿情况等多维度综合判断，才能进行职业放贷人的认定。本案的意义便也在于对实践中如何认定职业放贷人形成一定的参考价值。

编写人：北京市朝阳区人民法院　吴桐

29

实现担保物权中“实质性争议”的认定

——张某、高某申请撤销准许实现担保物权裁定案

【案件基本信息】

1. 裁判书字号

北京市朝阳区人民法院（2021）京0105民特监7号民事裁定书

2. 案由：申请撤销准许实现担保物权裁定

3. 当事人

申请人：张某、高某

被申请人：北京科技公司

【基本案情】

2017年6月6日，借款人张某、高某与贷款人信托公司签署《贷款合同-房屋抵押》，约定：贷款本金350万元，贷款利率13.75%/年，还款方式为分次还款，详见《还款计划表》，借款人专用账户为张某4712招商银行账户。当日，双方签署了《还款计划表》，载明每期还款日为当月6号及各期应还的具体款项。同日，抵押人张某与抵押权人信托公司签署《抵押合同—房屋抵押》，约定张某以某抵押房产为上述贷款合同债务提供担保，并办理了抵押登记。2017年6月29日，张某4712招商银行账户存入350万元；同日，该账户划转至滕某远账户461640元。2018年9月7日，信托公司宣布贷款提前到期。2020年12月14日，信托公司将涉案债权及抵押权转让给北京科技公司。

北京科技公司在（2021）京0105民特856号案件提出申请：请求法院依法裁定对某抵押房产进行拍卖、变卖，用变价后所得价款在张某、高某抵押担保范围内优先偿还北京科技公司的贷款债权本金3126220.14元、利息11940.42元、逾期违约金2108432.19元。（2021）京0105民特856号案件裁定：准许拍卖、变卖某抵押房产，北京科技公司对拍卖、变卖后所得款项按照抵押登记顺序在本金250万元、截至2021年7月23日的逾期违约金125万元及后续逾期违约金（以250万元为基数，自2021年7月24日起计算至实际清偿日止，按照年利率24%的标准计算）范围内享有优先受偿权。

根据（2021）京0105民特856号案件及本案审查，双方争议内容为：1. 张某、高某认为461640元为信托公司非法委托其员工扣收的保证金，应抵偿本金，实际借款本金应为3038360元。北京科技公司表示其已将该部分争议款项从本金中扣除。2. 张某、高某表示《还款计划表》所载利率与其实际还款利率不符，其还款的路径不仅包括张某以合同约定账号向信托公司转账，还包括通过案外人银行卡、微信向信托公司员工付强转账。北京科技公司在（2021）京

0105 民特 856 号案件中按张某、高某主张的借款本金 3038360 元、《贷款合同-房屋抵押》约定的年利率 13.75%逐天计算张某、高某应付利息，并将张某、高某提供转账流水的还款全部计入已还款；计入还款过程中，如已还款冲抵还款当日利息仍有剩余，则直接冲抵本金。本案审查中，张某、高某对北京科技公司计算当期利息、当期冲抵本金、以剩余本金再计利息的计算方式予以确认。经计算，截至北京科技公司宣布贷款提前到期日 2018 年 9 月 7 日，张某、高某未还本金为 2529162.15 元。3. 本案审查中，双方对《贷款合同—房屋抵押》逾期违约金是否有约定及违约金标准产生争议，北京科技公司提供的《贷款合同—房屋抵押》原件中写明“逾期违约金的计算公式为：贷款剩余金额×0.2%/日”，其中“0.2%/日”为手写；张某、高某提供的《贷款合同—房屋抵押》复印件及在北京市中信公证处调取的《贷款合同—房屋抵押》复印件中上述违约金标准为空白。据此，张某、高某认为《贷款合同—房屋抵押》并未约定逾期违约金；北京科技公司认为北京市中信公证处留存的复印件并非终版，留存过程中存在与终版合同混淆的情况，“0.2%/日”的违约金标准是双方的合意。

【案件焦点】

实现担保物权民事裁定书所确定的债权范围是否属于双方存在实质争议的部分。

【法院裁判要旨】

北京市朝阳区人民法院经审查认为：第一，对张某、高某提出放款当日向滕某远转账的 461640 元应从本金 350 万元中扣除的异议，北京科技公司已同意在（2021）京 0105 民特 856 号案件中扣除，因此该部分不属于双方存在的实质争议。第二，对张某、高某提出《还款计划表》所载利率与其实际还款利率不符的异议，北京科技公司已按张某、高某主张的利息计算方法重新进行计算，该部分亦不属于实质争议。第三，对张某、高某提出向付某还款应计入还款的异议，北京科技公司已按其提供的转账凭证进行逐笔扣减，对其未能提供凭证部分的款项未计入还款不属于双方存在的实质性争议。第四，对张某、高某提出（2021）京 0105 民特 856 号民事裁定书对违约金的认定属于超越审判权的异议。《最高人民法院关于适用〈中华人民共和国民事诉讼法〉的解释》（以下简称《民事诉讼法解释》）第三百七十一条第一款规定：人民法院应当就主合同的效力、期限、履行情况，担保物权是否有效设立、担保财产的范围、被担保的债权范围、被担保的债权是否已届清偿期等担保物权实现的条件，以及是否损害他人合法权益等内容进行审查。依据《抵押合同—房屋抵押》约定：张某、高某担保范围包括但不限于主合同项下的债务本金、利息、逾期利息、罚息、违约金等。故北京科技公司主张的违约金属于被审查的债权范围，（2021）京 0105 民特 856 号案件对此进行审查并无不当。第五，对张某、高某在本案审查中提出双方所持合同对违约金计算标准约定内容不符的异议。该异议虽未在（2021）京 0105 民特 856 号案件中提出，但考虑到张某、高某已在该案中对违约金的负担提出异议，且该异议内容涉及张某、高某是否应支付违约金及违约金标准的认定，法院认为该异议内容属于双方存在的实质性争议。最后，法院裁定撤销（2021）京 0105 民特 856 号民事裁定书。

【法官后语】

本案涉及的主要法律难点为实现担保物权中"实质性争议"的认定。《民事诉讼法解释》第三百七十二条规定：（一）当事人对实现担保物权无实质性争议且实现担保物权条件成就的，裁定准许拍卖、变卖担保财产；（二）当事人对实现担保物权有部分实质性争议的，可以就无争议部分裁定准许拍卖、变卖担保财产；（三）当事人对实现担保物权有实质性争议的，裁定驳回申请，并告知申请人向人民法院提起诉讼。上述规定设立的目的系为高效、快捷、低成本地实现担保物权、优化营商环境，但因在司法实践中对被申请人提出的异议是否构成"实质性争议"的认定标准有所差异，致使实现担保物权特别程序的功效未能发挥至最大。

目前司法实践中，对于实现担保物权案件中"实质性争议"的认定路径主要分为形式审查及实质审查两种。采用形式审查认定路径的，在被申请人提出主合同、担保合同等实体异议后，法院即裁定驳回申请。采用实质审查认定路径的，则需要对被申请人提出的实体异议以诉讼的视角进行审查，在确定双方存在以诉讼解决争议的必要条件下，才裁定驳回申请。笔者认为，在实现担保物权特别程序中，对“主合同效力、期限、履行情况、担保物权是否有效设立、担保财产的范围、被担保债权的范围、被担保的债权是否已届清偿期等担保物权实现的条件，以及是否损害他人合法权益等”基本内容应作形式审查，而对被申请人提出异议是否构成“实质性争议”的应作实质审查。一方面，对基本要素的形式审查可以最大化发挥该特别程序的优势、实现该特别程序设立的目的；另一方面，对被申请人异议的实质审查，更有助于实现该特别程序裁判结果的准确性和权威性。

本案所涉原实现担保物权特别程序中被申请人所提出的“砍头息”“实际利率与约定利率不符”“部分还款未计入已还款”等从形式审查角度属于双方的“实质性争议”，如法院不对该异议进行实质审查，而径行认定双方存在实质性争议即裁定驳回申请人申请，则必然会大大降低特别程序的适用效力。相反，法院在进行实质审查后，若申请人同意被申请人的异议，或在此基础上调整实现担保物权的债权金额，则该“实质性争议”即可转化为“无争议部分”，更有利于该特别程序作用的发挥。（2021）京 0105 民特 856 号案件就是如此，北京科技公司对张某、高某提出的上述三点异议予以认同，使得双方原本存在实质争议的部分变为“部分无实质争议”，从而使得法院具备对无争议部分进行裁定的可能。本案裁判论述中亦对此予以肯定。

但需要指出的是，对实现担保物权特别程序中被申请人提出“实质异议”，而申请人不能接受或调整申请内容的部分则属于双方存在的实质性争议，法院不宜在特别程序中对此进行直接认定。张某、高某在（2021）京 0105 民特 856 号案件中已明确对北京科技公司主张的违约金提出异议，此时法院即应对北京科技公司主张的违约金是否有合同依据、违约金标准是否违反法律规定进行实质审查。虽张某、高某在特别程序中并未提出双方合同对“违约金”约定标准不同的问题，但法院亦应对双方关于违约金的约定进行全面审查，以确定双方对此是否存在实质性争议。在本案审查中，发现双方所持合同对违约金标准的约定不一致，且张某、高某亦对北京科技公司计收违约金提出异议，故该部分应属双方存在的实质性争议，不宜在特别程序中直接认定。

编写人：北京市朝阳区人民法院　孙璟钰

30

债务人怠于办理抵押权登记的，抵押权预告登记权利人仍可依据预告登记主张享有优先受偿权

——银行南京江宁支行诉马某等金融借款合同案

【案件基本信息】

1. 裁判书字号

江苏省南京市江宁区人民法院（2021）苏0115民初8782号民事判决书

2. 案由：金融借款合同纠纷

3. 当事人

原告：银行南京江宁支行

被告：马某、伍某

被告：南京置业发展公司

【基本案情】

原告银行南京江宁支行（抵押权人、贷款方、乙方）与被告马某（抵押人、借款方、甲方）、南京置业发展公司（担保人、开发商、丙方）签订公积金借款合同及按揭贷款合同。公积金借款合同约定：借款用于甲方购买1107室房屋（以下简称案涉房屋），借款金额为人民币150000元，期限为30年，即自2007年2月26日起至2037年2月25日止；甲方选择等额本息偿还法；丙方为

甲方所欠乙方的全部债务提供连带责任保证；发生违约情况时，乙方有权按中国人民银行的相关规定对其逾期本息计收罚息，宣布本合同项下贷款提前全部到期，并有权处分抵押物，要求丙方承担连带担保责任。按揭贷款合同约定：甲方购买案涉房屋向乙方申请楼宇按揭（抵押）贷款，借款金额为人民币63000元，期限为30年，即自2007年2月26日起至2037年2月25日止；丙方自愿为甲方所欠乙方的全部债务提供连带责任保证担保。在合同有效期内，发生甲方未按时、足额偿还任何一期乙方贷款本金或任何应付费用和由于甲、丙任何一方的原因，致使抵押房地产未能在乙方确认的合理期限内办妥正式抵押登记手续等情况，乙方有权宣布本合同项下贷款全部提前到期，并自乙方宣布债务提前到期之日起，甲、丙方自愿按照本合同的强制执行条款的约定执行。

2007年3月7日，银行南京江宁支行出具《南京市住房公积金贷款（中国银行）借款借据》，载明：借款人马某借款150000元，从2007年3月开始按月采用等额本息还款法，借款期限为360个月，借款月利率为3.825‰。同日，原告出具《零售贷款借款借据》，载明：借款人马某借款63000元，从2007年4月开始按月采用等额本息还款法，借款期限为360个月，借款月利率为4.845‰。

原告银行南京江宁支行与被告马某、伍某、南京筑诚公司签订抵押合同，约定：合同所对应担保的主债权合同为公积金借款合同和按揭贷款合同，借款金额合计213000元；甲方将案涉房屋抵押给乙方，抵押担保范围为借款本金及利息、借款合同中约定的违约金、赔偿金、实现抵押权的费用；丙方为甲方以上借款承担连带保证责任，保证范围是借款本金及其利息、借款合同中约定的违约金、赔偿金、实现抵押权的费用；担保期间自本合同生效之日起至乙方领取上述甲方所购商品房他项权利（抵押权）证书之日。

另查明，案涉房屋登记权利人为马某、伍某；银行南京江宁支行于2007年3月5日就案涉房屋办理了抵押权预告登记，但未办理他项权利（抵押权）证书。截至2021年12月2日，马某尚欠公积金贷款本金103623.08元、罚息163.38元；尚欠商业贷款本金45417.38元、利息1958.81元、罚息66.47元、复利62.3元；银行南京江宁支行因本案支付律师代理费12000元。

【案件焦点】

债务人怠于办理不动产所有权首次登记致使案涉房屋未能在可以进行抵押权设立登记后的三个月内完成预告登记向本登记的转变，预告登记权人是否能够依据预告登记主张对案涉房屋的优先受偿权。

【法院裁判要旨】

被告马某、伍某自房地产开发企业处取得建筑物之后，本已能够办理不动产所有权首次登记，但由于其两人怠于办理首次登记，导致案涉房屋未能在可以进行抵押权设立登记后的三个月内完成预告登记向本登记的转变，鉴于抵押权预告登记权利人银行南京江宁支行积极要求将没有物权效力的预告登记转化为具有物权效力的设立登记，其已然尽到了作为抵押权预告登记权利人的义务且不存在疏于管理的情况，不应由抵押权预告登记权利人承担不利后果；故法院认为原告银行南京江宁支行对案涉房屋办理抵押权预告登记，且抵押登记的条件已经具备，原告银行南京江宁支行主张对案涉房屋享有优先受偿权，符合法律规定。

本院认为，合法的借款合同应受法律保护。本案中，原告银行南京江宁支行与被告马某、南京置业发展公司签订的金融借款合同及原告银行南京江宁支行与被告马某、伍某、南京置业发展公司签订的抵押合同均系当事人真实意思表示，合法有效；各方当事人应按合同全面正确地履行各自义务。现马某未按合同约定履行还本付息义务，属违约，依法应承担违约责任。银行南京江宁支行根据马某的违约事实及双方的约定要求马某所有借款本金、利息、罚息、律师费等应收费用之主张，符合法律规定，本院予以支持。银行南京江宁支行就案涉房屋办理了抵押登记，故银行南京江宁支行就案涉房屋享有优先受偿权。因银行南京江宁支行未办理他项权利（抵押权）证书，南京置业发展公司依照合同约定应当继续承当保证责任，对马某欠付的上述款项承当连带清偿责任。被告马某、伍某、南京置业发展公司经本院合法传唤均未到庭参加诉讼，依法可缺席判决。据此，依照《最高人民法院关于适〈中华人民共和国民法典〉时间效力的若干规定》第一条第三款，《中华人民共和国民法典》第四百一十条、第五百零九条、第五百七十七条、第六百七十四条、第六百七十五条、第六百七十六条，《中华人民共和国民事诉讼法》第一百四十四条之规定，判决如下：

一、被告马某于本判决发生法律效力之日起十日内偿还原告银行南京江宁支行公积金借款本金103623.08元、罚息163.38元并按照《南京市个人住房公积金购房借款合同》约定的利率标准自2021年12月3日起支付罚息至实际清偿之日止；偿还商业借款本金45417.38元、利息1958.81元、罚息66.47元、复利62.30元并按照《中国银行楼宇按揭（抵押）贷款合同（二）》约定的利率标准自2021年12月3日起支付罚息、复利至实际清偿之日止；支行律师代理费12000元；

二、原告银行南京江宁支行有权就前述判决第一项确定的债权对被告马某、伍某名下1107室房屋折价或者拍卖、变卖所得价款优先受偿；

三、被告南京置业发展公司对被告马某前述判决第一项确定的应付款项承担连带清偿责任。

判决后，双方当事人均未上诉，本判决现已生效。

【法官后语】

抵押权作为不动产担保物权的一种，其法律效力之一为优先效力，即（1）抵押权优先于债权受偿；（2）设立时间在先的抵押权优先于其他担保物权受偿。设立不动产抵押权应当办理抵押登记，抵押权自登记时设立。不动产登记又分为本登记和预告登记。当抵押权进行本登记后，抵押权设立，在法律上当然享有（1）优先于债权受偿的法律后果；（2）优先于其他设立在后的担保物权受偿的法律后果。

而在商品房预售的时代条件下，当事人签订抵押权合同后如不具备进行抵押权本登记的条件，就会选择进行抵押权预告登记。《中华人民共和国民法典》第二百二十一条规定了预告登记制度，根据该条文可知，所谓预告登记，是在不动产物权本登记暂时无法办理时，当事人为确保将来能够取得物权、实现物权而办理的一种特殊登记。第二百二十一条第一款规定“……预告登记后，未经预告登记的权利人同意，处分该不动产的，不发生物权效力”，对于此部分，笔者认为，预告登记制度的法律目的，主要是赋予预告登记权利人基于预告登记的请求权的保护限度，预告登记义务人在预告登记有效期间内对物上权利的处分会妨害预告登记权利人实现其请求权，故有必要对预告登记义务人的处分行为进行一定限制，处分行为包括物权的设定、变更、转移等。对于抵押权预告登记，其法律目的在于当能够办理抵押权本登记时，抵押权预告登记权利人能获得较之其他担保物权人更加优先的顺位，而不在于防止抵押人再次处分标的物。即使抵押人在办理抵押预告登记之后对标的物进行了处分，只要具备办理抵押登记的条件，预告登记权利人即可申请办理抵押登记，并主张其抵押权自预告登记之日设立。

抵押权预告登记权利人直接依据预告登记主张享有优先受偿权，法院对该主张是否应支持的这一问题是司法实践中存在争议较大的问题。《最高人民法院关于适用〈中华人民共和国民法典〉有关担保制度的解释》第五十二条对此问题进行了回复：法院要依职权去主动审查案件是否具备办理抵押登记条件，如果具备，则法院对该主张应当予以支持，反之则不予支持。而审查的要素有三个：（1）是否已经办理建筑物所有权首次登记；（2）预告登记的财产与办理建筑物所有权首次登记时的财产是否一致；（3）抵押预告登记是否已经失效。

这一解释给基层法院在处理类似案件时提供了有效指导，但实践中又出现了更为细致的问题，即在审查要素一“是否已经办理建筑物所有权首次登记”过程中，出现了建筑物已经具备办理建筑物所有权首次登记条件，而所有权人（抵押人）却怠于办理不动产所有权属登记，导致抵押权登记条件不具备的情况。对于这种情况，笔者认为如果机械地判定条件不满足，驳回抵押权预告登记权利人的主张，既违背了预告登记制度设立的目的，使权利义务失衡，又会导致诉累，破坏司法效率。

因此，在抵押权预告登记因抵押人拒不配合而客观上无法向抵押权设立登记转变的情况下，应赋予抵押权预告登记权利人对抵押物的优先受偿权。当具备办理抵押权设立登记条件时，抵押人怠于办理登记，本质上属于抵押人为自己的利益不正当地阻止条件成就。抵押权预告登记权利人享有优先受偿权的条件因抵押人恶意阻却，应视为已成就。

编写人：江苏省南京市江宁区人民法院 朱斌 闫锐锐

31

商品房买卖合同无效，不影响作为善意第三人的抵押预告登记权人在特定条件下主张优先受偿权

——无锡房地产开发公司诉蒋某等别除权案

【案件基本信息】

1. 裁判书字号

江苏省无锡市中级人民法院（2022）苏02民终1615号民事判决书

2. 案由：别除权纠纷

3. 当事人

原告（被上诉人）：无锡房地产开发公司

被告（上诉人）：蒋某、沈某某

第三人（上诉人）：银行无锡城南支行（以下简称银行）

【基本案情】

2012年5月25日，无锡房地产开发公司与蒋某、沈某某订立《商品房买卖合同》，并办理了网签备案登记，约定：蒋某、沈某某向无锡房地产开发公司预购商铺1套，价格3175209元，其中首付款1588209元、贷款1587000元。合同订立后，无锡房地产开发公司借用蒋某身份证办理了借记卡，并于2012年5月28日将自行转入该借记卡内资金中的1588209元转至无锡房地产开发公司，用于支付蒋某按约应支付的首付款，又于2012年5月30日，通过电汇方

式将1588209元转入仍由无锡房地产开发公司掌控的蒋某的借记卡内。无锡房地产开发公司在具备提供相关资料供买受人办理产权登记时并未向蒋某、沈某某提供，也未能交付商铺。

蒋某、沈某某为购买无锡房地产开发公司四套商铺（案涉商铺系其中一套），向银行贷款6348000元（案涉商铺贷款1587000元）。为保证债务履行，2012年6月25日，蒋某、沈某某将案涉商铺办理了抵押预告登记，无锡房地产开发公司承担阶段性连带保证责任。上述贷款于2012年6月1日汇至无锡房地产开发公司账户。无锡房地产开发公司每月以蒋某名义还本付息至2015年9月。后无锡房地产开发公司未能履行还款义务，银行诉至原无锡市南长区人民法院，法院于2016年10月10日依法判决蒋某、沈某某承担还本付息义务（本金4713205元及相应利息），无锡房地产开发公司承担连带保证责任。

2020年9月14日，无锡市梁溪区人民法院根据债权人申请，依法裁定受理无锡房地产开发公司的破产重整申请。

债权申报期间，银行向无锡房地产开发公司管理人申报债权，主张其对前述抵押预告登记的房产享有优先受偿权。无锡房地产开发公司管理人认为，公司和蒋某、沈某某之前签订的《商品房买卖合同》系双方恶意串通骗取银行贷款，并无买卖房产的真实意思表示，《商品房买卖合同》不可能真实履行，抵押预告登记不可能转为正式抵押登记，故对银行主张就案涉商铺行使优先受偿权的意见不予采纳。

2021年10月11日，无锡房地产开发公司诉至无锡市梁溪区人民法院，诉讼请求：确认无锡房地产开发公司与蒋某、沈某某签订的《商品房买卖合同》无效，并注销备案登记。

诉讼中，银行作为有独立请求权的第三人参与诉讼，并提出诉讼请求：确认其对案涉商铺享有优先受偿权。

诉讼中，蒋某、沈某某自认其并无购买商铺意愿，是无锡房地产开发公司为了提高销售业绩以及公司资金需要，才签订了《商品房买卖合同》和贷款合同，所有购房、贷款材料及银行卡均由无锡房地产开发公司掌控。

【案件焦点】

商品房买卖合同因双方通谋虚伪意思表示而被认定无效后，作为抵押预告登记权利人的银行能否就案涉商铺享有优先受偿权。

【法院裁判要旨】

江苏省无锡市梁溪区人民法院经审理认为：无锡房地产开发公司与蒋某、沈某某并无买卖案涉商铺的合意，双方订立《商品房买卖合同》的目的是获取银行贷款，用于经营无锡房地产开发公司。故无锡房地产开发公司管理人主张《商品房买卖合同》无效、撤销（注销）案涉商品房买卖备案登记的意见，符合法律规定，予以采纳。案涉《商品房买卖合同》备案登记注销后，银行在无锡房地产开发公司进入破产程序后，主张对预抵押商铺享有优先受偿权，于法无据，不予支持。判决：

一、案涉《商品房买卖合同》无效；

二、蒋某、沈某某配合无锡房地产开发公司管理人注销《商品房买卖合同》备案登记。

蒋某、沈某某、银行不服一审判决，提出上诉。江苏省无锡市中级人民法院经审理认为：案涉商铺的抵押预告登记不存在失效情形，应当认定银行就案涉商铺享有优先受偿权。理由有三：一是案涉商铺的抵押预告登记不存在失效情形。对于抵押预告登记而言，“能够进行不动产登记之日”应当专指具备办理不动产抵押登记的条件之日，而非具备办理不动产所有权变更登记的条件之日。本案中，无锡房地产开发公司认为案涉商铺于 2013 年 4 月 8 日办理了所有权首次登记，此时案涉商铺已经具备办理不动产抵押登记的条件，混淆了所有权变更的预告登记与抵押预告登记。截至本案诉讼，案涉商铺的所有权仍未变更登记至抵押人蒋某、沈某某的名下，办理抵押预告登记的条件尚未成就，《中华人民共和国物权法》第二十条规定的“能够进行不动产登记之日”尚未开始起算，不存在预告登记失效情形。二是案涉抵押预告登记的商铺具备办理抵押登记的条件，银行以此主张抵押预告登记的商铺具有优先受偿权符合法律规定。根据《最高人民法院关于适用〈中华人民共和国民法典〉有关担保制度的解释》第五十二条第一款规定，在抵押财产已经办理建筑物所有权首次登记但尚未办理所有权登记至抵押人名下的情况下，抵押预告登记权人有权直接主张抵押权。本案中，案涉商铺已办理初始登记，不存在预告登记的财产与办理建筑物所有权首次登记时财产不一致的情形，更不存在抵押预告登记已经失效的情形，此时应支持银行对办理抵押预告登记的案涉商铺主张优先受偿权的请求。三是案涉《商品房买卖合同》无效，不影响银行善意取得对案涉商铺的抵押预告权。案涉《商品房买卖合同》因双方通谋虚伪意思表示而被确认无效，此时蒋某、沈某某无权再主张将案涉商铺的所有权变更登记至其名下，银行的抵押预告登记将无法转为抵押本登记，但是无锡房地产开发公司管理人与蒋某、沈某某没有提供充分证据证明银行在接收抵押担保、发放贷款过程中明知《商品房买卖合同》存在无效情形，根据《中华人民共和国物权法》第一百零六条的规定，应当认定银行系案涉商铺抵押预告登记的善意第三人。最后二审判决：

一、维持原审判决第一项、第二项；

二、撤销原审判决第三项；

三、银行有权以案涉商铺协议折价或者拍卖、变卖所得价款优先受偿。

【法官后语】

我国目前房地产开发模式以期房销售为主，购房人在购买期房的同时，将开发商预售的期房作为抵押物向银行办理房屋贷款，但因借款时房屋尚未建成交付并办理初始登记，故银行只能对房屋办理抵押预告登记，等待房屋具备办理抵押登记条件时，再将抵押预告登记转为本登记。部分开发商在房地产项目开发时，因资金短缺，通过与亲朋好友签订《商品房买卖合同》的方式骗取银行贷款，但实际上并不会按照合同约定，在房屋建成之后将房屋向购房人交付并办理房屋所有权转移登记，此时银行的抵押预告登记不可能转为正式登记。

由此，司法实践中会涉及三个递进问题：一是商品房买卖合同无效，抵押权预告登记效力如何？二是如抵押权预告登记仍然有效，那么银行能否仅凭此直接主张优先受偿效力？三是如能直接主张优先受偿，则需符合何种条件？

一、商品房买卖合同无效对抵押预告登记效力的影响

关于这一问题，司法实践中有三种典型观点：一是“债权消灭说”，认为抵押预告登记因商品房预售合同项下的过户登记请求权消灭而失效；二是“履行不能说”，认为过户登记请求权消灭意味着抵押权正式登记办理义务的履行不能，以抵押权正式登记请求权为客体的抵押权预告登记亦不再有存续价值；三是“信赖保护说”，认为银行基于善意相信所有权预告登记而进行贷款抵押交易并取得抵押权预告登记，应当予以充分保护。

本案例认为“信赖保护说”中“通谋虚伪不得对抗善意第三人”的路径更为可取。虽商品房买卖合同因双方通谋虚伪意思表示而被确认无效，但该无效不能对抗基于信赖登记公示公信效力而为后续交易的善意第三人，不影响之后银行与购房人之间借款、抵押合同及抵押预告登记的效力。抵押预告登记虽非现实的抵押权，但对其后发生的违背预告登记内容的不动产物权处分行为具有排他性和优先性，对银行基于抵押预告登记而对案涉商铺享有的权益应予保护。

二、抵押权预告登记是否具有优先受偿效力

这一问题在司法实践中存在极大争议，根据《最高人民法院关于适用〈中华人民共和国民法典〉有关担保制度的解释》（以下简称《民法典担保制度的解释》）第五十二条第一款的规定，若已办理建筑物所有权首次登记，且不存在抵押预告登记失效等情形，法院应认定抵押权自预告登记之日起设立。可见，最高人民法院明确支持抵押预告登记之优先受偿效力。然而，该规定不可谓不创新，因其与既往学说及司法实践反差极大。学界多认为，抵押预告登记不可设立抵押权，无从优先受偿。实务界也多认为抵押预告登记“非对系争房屋享有现实抵押权”。亦有学者指出该法第五十二条第一款与物权法原理相悖，有待商榷。

回归到本案中，抵押预告登记与抵押登记均可发挥公示功能以将内部约定公开化，从而保护交易第三人利益。据此，银行与购房者订立抵押合同并通过抵押预告登记予以公示后，应可取得抵押权，即抵押权预告登记在特定条件下具有优先受偿效力。因无须经由本登记取得抵押权，《民法典担保制度的解释》

第五十二条引入的“裁判赋权”机制，实际上是法律拟制抵押预告登记具备抵押登记的法律效果，得以“绕过”作为转正式登记前提条件的房屋过户登记，将有效申请时点提前到“建筑物所有权首次登记”，从而使银行得以规避附着于房屋过户登记环节的大量操作障碍。

三、对“不存在抵押预告登记失效情形”的理解

《中华人民共和国物权法》第二十条第二款规定，“预告登记后，债权消灭或者自能够进行不动产登记之日起三个月内未申请登记的，预告登记失效”。对于抵押预告登记而言，“能够进行不动产登记之日”应当专指具备办理不动产抵押登记的条件之日，而非具备办理不动产所有权变更登记的条件之日。抵押预告登记转为抵押本登记的前提条件之一是预告抵押的不动产所有权已经转移登记至抵押人名下，而不动产所有权变更的预告登记转为所有权变更的本登记前提条件之一是不动产已经办理建筑物所有权的首次登记。《民法典担保制度的解释》第五十二条不能作反向理解，即预抵押权人必须在预抵押不动产已办理建筑物所有权首次登记后三个月内办理抵押本登记，否则将导致抵押预告登记失效。并无法律或者司法解释规定预抵押权人在此种情况下应承担抵押预告登记失效的法律后果。

可以说，保护作为善意第三人的预告登记抵押权人在特定条件下的优先受偿权，有利于充分发挥预告登记制度保障债权实现的功能，也契合了担保功能主义的解释路径，提高了预告登记抵押权人实现债权的效率，避免完全依赖物权变动形式主义导致的僵化风险。

编写人：江苏省无锡市中级人民法院　陈迪金　刘英

32

名为售后回租合同实为抵押借款合同的司法审查要点

——深圳某公司诉龚某某融资租赁合同案

【案件基本信息】

1. 裁判书字号

重庆市第一中级人民法院（2021）渝01民再38号民事判决书

2. 案由：融资租赁合同纠纷

3. 当事人

原告（反诉被告、再审申请人）：深圳某公司

被告（反诉原告、再审被申请人）：龚某某

【基本案情】

2017年4月24日，龚某某（乙方、承租人）和深圳某公司（甲方、出租人）签订《融资租赁合同》，主要条款约定，龚某某向深圳某公司融资租赁其2014年自行购买的车牌号为渝××梅赛德斯奔驰牌小轿车一辆，购车款总额304000元，融资总额242910元，融资首付款61090元（由购车款直接转为）；剩余购车款242910元深圳某公司支付至龚某某指定账户。合同通用条款约定合同为售后回租模式，不发生现实交付，出租人支付购车首付款时，即为车辆交付时。

同日，龚某某与深圳某公司签订《汽车抵押合同》，将案涉车辆抵押给该公司，为案涉债务担保。该公司打印制作、龚某某签名确认的《抵押人特别声明》多处出现“抵押借款”“借款期间”的字样。

车辆始终登记在龚某某名下。

2017年12月1日，因龚某某未按期足额支付租金，深圳某公司将案涉车辆从龚某某处扣留使用后出售。

深圳某公司在一审中以融资租赁合同纠纷向重庆市大足区人民法院起诉龚某某，请求龚某某向其一次性支付租金及利息，并对其享有抵押权的涉案汽车拍卖所得价款享有优先受偿权等。一审庭审中，龚某某提出了反诉，请求深圳某公司返还龚某某案涉车辆并赔偿各种损失和费用等。之后，深圳某公司申请撤回起诉，一审法院遂裁定准许其撤回本诉，继续审理龚某某提出的反诉，并作出（2019）渝0111民初1044号民事判决。双方均未上诉，该判决已生效。

后，深圳某公司以新证据为由就该判决申请再审，认为案涉合同是合法有效的融资租赁合同。请求：1. 撤销重庆市大足区人民法院（2019）渝0111民初1044号民事判决；2. 依法改判驳回龚某某的全部诉讼请求。

龚某某认为，案涉合同应为借款合同，并非融资租赁合同。深圳某公司并无对外从事借贷业务的资质，违反了法律、行政法规的禁止性规定，合同应属无效。深圳某公司应当返还扣留的案涉车辆。

【案件焦点】

案涉合同性质是融资租赁合同还是抵押借款合同。

【法院裁判要旨】

重庆市大足区人民法院经审理认为：深圳某公司与龚某某之间为售后回租模式的融资租赁合同关系，案涉合同合法有效。深圳某公司提供的证据不足以证明扣车条件已经成就，扣车违反了合同约定，应当将车辆返还龚某某。龚某某要求深圳某公司赔偿经济损失等费用的诉求，因证据不足，法院不予支持。重庆市大足区人民法院判决：

深圳某公司于判决生效后十日内将车牌号为渝××梅赛德斯奔驰牌小轿车返还给龚某某。

重庆市第一中级人民法院再审认为，案涉合同虽名为融资租赁合同，但实为抵押借款合同，首先，售后回租合同是融资租赁合同的一种，应当具有“融资”和“融物”的双重属性，其涉及租赁合同和买卖合同两个合同，二者缺一不可，并且出租人对租赁物享有所有权。但案涉合同并不具备前述特征，双方未建立真实买卖关系，深圳某公司未取得车辆所有权，龚某某未取得全部价款。其次，在融资租赁合同的资金融通中，出租人享有的物权保障是对租赁物的所有权，抵押借款合同中抵押权人享有的物权保障是抵押权，此乃售后回租型融资租赁合同区别于抵押借款合同的重要特征。但该案中，深圳某公司对案涉车辆并不享有所有权，而是享有抵押权。最后，深圳某公司制作打印的《抵押人特别声明》中的表述，亦可证明案涉合同虽名为融资租赁合同，实为抵押借款合同。我国禁止融资租赁公司从事发放贷款业务，深圳某公司违反国家对发放贷款业务的特许经营规定签订案涉合同，应属无效。深圳某公司依据无效的案涉合同扣留的龚某某的车辆，应当返还。原审法院对案涉合同性质和效力的认定有误，再审法院予以纠正，判决：

维持重庆市大足区人民法院（2019）渝0111民初1044号民事判决。

【法官后语】

售后回租是一种新的融资租赁模式，但与抵押借款合同有类似特征，加之商业实践中存在交易主体为了规避监管，采取多层嵌套、循环交易、虚伪意思表示等模式，利用售后回租合同达到抵押借款目的的做法，增加了法官查明事实、认定合同真实性质的难度。因此，应该从哪些方面审查售后回租模式的合同，继而对合同性质作出准确的判断，成为一线司法人员关注的重点。

一、审查是否具有双重法律关系

传统正规的售后回租交易中，包括租赁合同和买卖合同，分别对租赁事项和买卖事项进行约定。但在司法实践中发现，有的售后回租交易把两个合同合二为一，在一个合同中进行约定。对于合同文本的审查，不能因为没有明确区分为两个合同就认为不存在两个法律关系，也不能看到分为两个合同就认为存在两个法律关系，关键要审查合同的约定是否符合每个法律关系的构成要件。对于租赁关系的审查，要审查是否对租赁的标的物、租金的数额、租金的支付期限及方式、租期、双方权利义务等租赁合同中通常涉及的约定事项进行具体的约定；对于买卖关系的审查，要审查是否对买卖的标的物、标的物的价款、价款的支付期限及方式、交付的时间、地点和方式、检验标准和方法等买卖合同中通常涉及的约定事项进行具体的约定。

二、审查是否具有“融物”的属性

售后回租合同是融资租赁合同的一种，也应该具备融资租赁合同的“融资”和“融物”的双重属性。在判断到底是售后回租合同还是抵押借款合同时，看是否具有“融物”的属性是一个关键的因素。是否具有“融物”属性，可以从以下几个方面进行判断：一是看租赁物是否真实存在。有的双方当事人真实的目的就是进行资金的融通，而不是物资的融通，为了逃避监管，会采用虚构标的物的方法签订售后回租合同。司法实践中，可以审查标的物购置的相关票据、标的物的存放地点、使用情况等，从而判断是否存在真实的标的物。二是看租赁物是否为特定化的物。除了租赁物真实存在以外，还需要是特定的、具体的物，能够与他物加以区分，不能是笼统的物。比如，租赁物清单仅载明“仪器一批”“桌椅一批”，这样的描述很难对应特定的物，故不具有物权法上“物”的独立性特征，就不能作为售后回租合同中的租赁物。三是看租赁物的融资金额与租赁物价值是否相当。如果租赁物的价值明显偏低，则丧失了租赁物最基本的担保功能，当承租人违约时，出租人不能依靠收回租赁物来弥补其投资成本。出租人为了保障其债权的实现，往往采取另行签订担保合同的方式担保债权的实现，“融物”的属性就被弱化殆尽。判断租赁物的价值，除了看租赁物原始的购买价款依据以外，还需要综合考虑租赁物的折旧、磨损、贬值等情况，以便相对准确地判断租赁时租赁物的市场价值。

三、审查是否转移租赁物所有权

售后回租业务中，出租人取得租赁物的所有权是对自身债权的保障，在无法获得全部租金的情况下，可以对租赁物进行处置，以获得的价款实现债权。实践中，有的售后回租业务，不转移租赁物的所有权，而是采取对租赁物设立抵押权的方式保障债权，这明显不是通过“物”的融通实现“资金”的融通。司法实践中，审查动产是否转移所有权，要重点审查租赁物交付的时间、地点、验收单等相关的交付证据；不动产重点审查是否在权属登记机构作权属登记变更。

编写人：重庆市第一中级人民法院　郑冬梅

33

房地一体原则下，仅设立房屋抵押登记如何确定抵押范围及数额

——邱某诉周某等民间借贷案

【案件基本信息】

1. 裁判书字号

广西壮族自治区贵港市港北区人民法院（2021）桂0802民再20号民事判决书

2. 案由：民间借贷纠纷

3. 当事人

原告：邱某

被告：周某、陈某、南宁某房地产公司

【基本案情】

2013年6月28日，邱某与周某、南宁某房地产公司签订《个人借款/担保合同》一份，约定：周某向邱某申请借款650万元，借款用途为横县某综合市场开发，借款期限为六个月，贷款利率以贷款发放时适用的中国人民银行公布的同期同档次贷款利率基准利率6%上浮400%确定，在贷款期限内利率不调整，合同还约定南宁某房地产公司以其名下的位于南宁市的案涉房屋提供抵押担保；抵押担保范围包括：本合同项下全部贷款本金、利息、罚息、复利、违

约金、补偿金、贷款人实现债权的费用和借款人所有其他应付费用。合同签订后，邱某分别于当日转账 650 万元给周某，据此，双方确定借款的年利率为 24%，上述贷款的到期日为 2013 年 12 月 27 日，南宁某房地产公司也依约定办理抵押登记手续。周某借款后，未按约定足额还款，邱某遂向法院提起诉讼。

周某与陈某系夫妻关系，双方于 2009 年 3 月 13 日登记结婚。周某向邱某借款本金 650 万元及利息计算，借款发生在周某与陈某夫妻关系存续期间。

另查明，《抵押（借款）合同》约定：1. 南宁某房地产公司自愿将其法人所拥有的房屋（案涉房屋）作为借款抵押担保，建筑面积为 2102 平方米，权利价值：10000000 元；2. 抵押期限从登记之日起至注销之日止；3. 土地权利价值 700 万元整，抵押 450 万元整，房屋权利价值 300 万元整，房屋抵押 200 万元整。原、被告实际办理抵押登记时只是到房屋抵押登记部门进行了房屋（实建面积 2666. 11 平方米、核准面积 2102. 00 平方米，用途是排球馆）抵押登记，房屋他项权利人为邱某，抵押债权数额为 200 万元，登记时间为 2013 年 7 月 2 日。邱某称因土地部门的规定，建设用地使用权不允许抵押给个人，所以当时该建设用地使用权未能办理抵押登记。房屋所在宗地的宗地面积为 957. 01 平方米，抵押时房屋在该宗地中占用范围内建设用地使用权面积为 378. 33 平方米，该宗地建设用地使用权没有设立其他抵押权。

【案件焦点】

1. 邱某与周某之间的借贷合同是否成立并生效；2. 涉案抵押房屋范围如何确定；3. 房屋办理了抵押登记且数额为 200 万元，如地随房走一并抵押，并随之视为抵押权设立，因未登记有债权数额，土地部分优先受偿是否受限。

【法院裁判要旨】

原告邱某与被告周某、陈某、南宁某房地产公司民间借贷纠纷一案，向贵港市港北区人民法院提起诉讼。

贵港市港北区人民法院经审理后认为，原告与被告周某的借贷关系，有双方签订的《个人借款/担保合同》及银行个人业务凭证等证据为证，双方的借贷关系事实清楚，债权、债务关系明确。被告周某以个人名义向原告所负债务，发生于其与被告陈某夫妻关系存续期间，被告陈某未能证明原告与被告周某约定该笔借款为个人债务，也不能证明其夫妻关系期间就财产有特别约定，故该债务应按夫妻共同债务处理，由该两被告共同偿还，因此，对被告陈某辩称其不承担还款责任的意见，本院不予采信。原、被告签订《个人借款/担保合同》后，原告已于2013年6月28日转账650万元给被告周某，已履行付款的义务，因此，对被告辩称其收到的借款本金系585万元的意见，本院不予采信；因双方约定借款期间的年利率为24%，原告诉请被告自2013年6月28日起按银行同期同类贷款利率的四倍计付利息至还清之日止，符合法律规定，本院予以支持，综上，原告诉请被告周某、陈某共同偿还借款本金650万元及支付利息（以650万元为基数，自2013年6月28日起按中国人民银行同期同类贷款利率的四倍计至清偿之日止），有事实与法律依据，本院予以支持。被告涉案房屋为上述借款提供抵押担保，并已办理抵押登记，依法应承担抵押担保责任，原告诉请对该抵押房产享有优先受偿权，于法有据，本院予以支持。三被告辩称，其已偿还65万元给原告，原告对此予以否认，本院认为，三被告主张已付款65万元的收款人系案外人并非原告，且原告也否认收到该款，故对该抗辩意见，本院不予采信，三被告与案外人就该款形成的法律关系与本案不属同一法律关系，本案不作处理。为保护当事人的合法权益，依照《中华人民共和国民法通则》第九十条，《中华人民共和国合同法》第六十条、第二百零五条、第二百零六条，《最高人民法院关于适用〈中华人民共和国婚姻法〉若干问题的解释（二）》第二十四条，《最高人民法院关于民事诉讼证据的若干规定》第二条、第八条的规定，判决如下：

一、被告周某、陈某偿还借款本金650万元及支付利息（利息计算：以650万元为本金，从2013年6月28日起按中国人民银行同期同类贷款利率的四倍计至还清之日止）；

二、原告对被告涉案房屋折价或者拍卖、变卖所得价款享有优先受偿权。

原审原告邱某与原审被告周某、陈某、南宁某房地产公司民间借贷纠纷一案，本院（2014）港北民初字第 3053 号民事判决已经发生法律效力。本院在审理邱某与李某执行分配方案异议之诉案中，经本院审判委员会讨论决定，作出（2021）桂 0802 民监 2 号民事裁定，再审本案。本院于 2021 年 12 月 10 日立案再审，依法另行组成合议庭，于 2022 年 2 月 24 日公开开庭审理了本案。

关于邱某与周某之间的借贷合同是否成立并生效的问题。根据到案证据足以证实，本案原审认定邱某与周某之间的借贷本金数额、利息计算、尚欠数额，以及债务发生在周某与陈某婚姻关系存续期间内，应予以确认并维持。

关于涉案抵押房屋范围如何确定的问题，本案原审中原、被告约定用房屋和土地价值来为本案借款 650 万元作抵押担保，并到房屋抵押登记部门进行了房屋抵押登记，邱某称因土地部门的规定建设用地使用权不允许抵押给个人而未能办理抵押登记。根据《中华人民共和国物权法》第一百八十二条规定，“以建筑物抵押的，该建筑物占用范围内的建设用地使用权一并抵押……”以及《全国法院民商事审判工作会议纪要》第六十一条规定，仅以建筑物设定抵押的，抵押权的效力及于占用范围内的土地。本案中，以房屋抵押，该房屋占用范围内的建设用地使用权一并抵押，且该建设用地使用权没有设立其他抵押，故邱某对该抵押房屋及该房屋占用范围内的建设用地使用权价款享有优先受偿权。至于本案中房屋占用范围内的建设用地使用权如何确定的问题，到案证据均未提及、记载建设用地使用权证及建设用地使用权面积，亦未进行建设用地使用权抵押登记，经查明，抵押房屋所在的宗地建设用地使用权证记载宗地面积为 957. 01 平方米，该宗地上原建有包括排球馆在内的房屋，在抵押前，南宁某房地产公司已拆除了排球馆，并改建加高房屋，改建加高后的房屋在该宗地中投影占地面积 378. 33 平方米，拆除排球馆所余下空地规划作为南宁某房地产公司的新项目部分用地，故该抵押房屋占用范围内的建设用地使用权应确认为房屋在该宗地中占用的面积 378. 33 平方米。原审判决未查清房屋占用范围内的建设用地使用权面积并加以确定欠妥，应予以变更。

关于房屋抵押未登记有债权数额，土地部分优先受偿是否受限的问题。虽然只办理了房屋抵押登记且数额为 200 万元，但原审原、被告签订的合同约定是以包括房屋和土地价值来为本案借款650万元做抵押担保的，邱某称是因为相关部门的规定，只办理了房屋抵押登记，登记债权数额为200万元，而建设用地使用权未能办理抵押登记。根据《中华人民共和国物权法》第一百七十三条规定："担保物权的担保范围包括主债权及其利息、违约金、损害赔偿金、保管担保财产和实现担保物权的费用。当事人另有约定的，按照约定。"以及《全国法院民商事审判工作会议纪要》第五十八条规定，以登记作为公示方式的不动产担保物权的担保范围，一般应当以登记的范围为准。但是，我国目前不动产担保物权登记，不同地区的系统设置及登记规则并不一致，人民法院在审理案件时应当充分注意制度设计上的差别，作出符合实际的判断：一是多数省区市的登记系统未设置"担保范围"栏目，仅有"被担保主债权数额（最高债权数额）"的表述，且只能填写固定数字。而当事人在合同中又往往约定担保物权的担保范围包括主债权及其利息、违约金等附属债权，致使合同约定的担保范围与登记不一致。显然，这种不一致是由于该地区登记系统设置及登记规则造成的该地区的普遍现象。人民法院以合同约定认定担保物权的担保范围，是符合实际的妥当选择。二是一些省区市不动产登记系统设置与登记规则比较规范，担保物权登记范围与合同约定一致在该地区是常态或者普遍现象，人民法院在审理案件时，应当以登记的担保范围为准。本案中，房屋他项权证没有设置"担保范围"栏目，属前述规定第一种，应以合同约定为准，即650万元本金。

综上，法院判决：

一、周某、陈某偿还借款本金650万元及支付利息；

二、邱某对南宁某房地产公司所有的南宁市案涉房屋折价或者拍卖、变卖所得价款享有优先受偿权。

【法官后语】

建设用地使用权和房屋所有权是两个不同权利，但由于"房"与"地"之间是天然的联系，房屋建筑物与土地不可分割，土地权利与房屋权利又是相互依附的关系，我国立法中所采纳的是"房地一体"的基本原则，因此在房地产抵押中房与地的关系适用"房地一体主义"，也即"房随地走""地随房走"

“房地一体”原则。在《中华人民共和国房地产管理法》与《中华人民共和国物权法》中，对于房屋建筑物的抵押均认为是房屋建筑物所有权与土地使用权一并抵押，《中华人民共和国民法典》中也沿袭了这一原则，在抵押领域确立房地一体化原则，以建筑物作抵押的，该建筑物占用范围内的建设用地使用权一并抵押。在司法实践中，对于该原则所涉及的规定仍然存在一些争议。

本案中，存在两个较为复杂的焦点问题，一是涉案抵押房屋是否包含房屋占用建设用地部分，以及占用部分如何确定；二是房屋抵押登记范围房屋办理了抵押登记且数额仅为抵押合同中房屋抵押的数额，根据房地一体原则，因建设用地使用权未办理抵押登记手续且未登记有债权数额，土地部分优先受偿是否受限，是否应受限并以合同约定为限。

首先，由于我国立法所采纳的是“房地一体”的立法基本原则，在相关法律及沿袭至今的法律中均认为当事人以建筑物作抵押，抵押效力及于该建筑物的占用范围。在本案中，双方当事人约定同时以建筑物及其占用范围内的建设用地使用权抵押，即属一并抵押的情形，但是，原告称因相关部门不允许将建设用地使用权抵押给个人，故双方仅对房屋办理了抵押登记，经法院调查取证，结合到案的证据，案涉房屋未设立建设用地使用权权利负担，因此，本案中抵押的效力应当及于案涉房屋所占用的建设用地部分。对于占有部分的确定，裁判实践中尚存争议。第一种观点认为，建筑物抵押权所及之范围仅限于建筑物物理范围（建筑物垂直投影面积）内的建设用地使用权，对于此范围之外的建设用地使用权则不享有抵押权。第二种观点认为，建筑物抵押权所及之范围包括整宗土地之建设用地使用权，而非限于地上建筑物的物理范围所占建设用地使用权。由于双方并未在合同及相关权利证书中载明房屋面积等内容，为确定双方当事人签订抵押合同时的真实意图，应当向相关部门调取相关证据查明案涉房屋在订立抵押合同时的状态，以此确认房屋所占用范围的面积，本案所采用确定占用范围的观点是第一种观点，即以该房屋在该宗地中投影占地面积为房屋占用范围，如本案采取第二种观点，与本案实际不符，将背离双方签订抵押合同的真实意图，也不利于保护被告方的合法权益。

其次，由于我国不同地区的系统设置及不动产担保物权登记规则并非一致的，在审判实践中不能机械适用“以登记为准”的原则进行判断，否则将不利于当事人合法权益的实现。在本案中，由于双方仅对抵押房屋办理抵押登记，且由于当时登记规则设计的问题，本案仅对抵押房屋的抵押数额进行了确定，为200万元，但并未就建设用地使用权办理抵押登记，亦未能登记确定抵押数额。为实现双方订立合同的真实目的，保护当事人的合法权益，应当以合同约定的包括房屋和土地价值来为本案借款650万元作抵押担保为限。

编写人：广西壮族自治区贵港市港北区人民法院　梁艺丹

34

主债权经过最长诉讼时效期间抵押权应当消灭

——符某甲诉某银行、某资产管理公司担保物权确认案

【案件基本信息】

1. 裁判书字号

海南省文昌市人民法院（2021）琼9005民初5863号民事判决书

2. 案由：担保物权确认纠纷

3. 当事人

原告：符某甲

被告：某银行、某资产管理公司

【基本案情】

1998年11月19日，案外人符某乙向被告某银行借款20万元，签订借款借据，约定借款到期日为1999年11月19日，还款方式为分期还本、按季付息。原告符某甲以其名下房产为上述贷款提供抵押担保，并在不动产登记机关对上述抵

押权进行了登记。后案外人符某乙未能清偿上述贷款，2016年12月30日，被告某银行将上述债权（含主债权及所设抵押权）转让给某资产管理公司。2017年5月4日，某银行与某资产管理公司在海南日报上联合发布债权转让暨债务催收联合公告，载明涉案债权情况。原告符某甲以上述贷款超过最长诉讼时效抵押权已归于消灭为由，要求二被告协助办理抵押权注销登记未果，遂引起本案诉讼。

【案件焦点】

主债权因超过最长诉讼时效丧失胜诉权，抵押权是否应当归于消灭。

【法院裁判要旨】

海南省文昌市人民法院经审理后认为，本案的争议焦点为：案外人符某向被告某银行贷款是否已经超过法定最长诉讼时效，该笔贷款所设抵押权是否已经消灭，原告主张两被告协助办理抵押权涂销登记是否应予支持。《中华人民共和国民法总则》第一百八十八条第二款规定："诉讼时效期间自权利人知道或者应当知道权利受到损害以及义务人之日起计算。法律另有规定的，依照其规定。但是自权利受到损害之日起超过二十年的，人民法院不予保护；有特殊情况的，人民法院可以根据权利人的申请决定延长。"本案中，借款借据载明的还款日期为1999年11月19日至2019年11月19日，已经超过法律规定的最长权利保护期间，自2019年11月20日起，主债权已经消灭。《最高人民法院关于适用〈中华人民共和国民法典〉时间效力的若干规定》第一条第二款规定："民法典施行前的法律事实引起的民事纠纷案件，适用当时的法律、司法解释的规定，但是法律、司法解释另有规定的除外。"本案中，最长权利保护期限至2019年11月20日届满，引起法律关系变动的法律事实发生在民法典实施前，应适用《中华人民共和国物权法》。《中华人民共和国物权法》第二百零二条规定："抵押权人应当在主债权诉讼时效期间行使抵押权；未行使的，人民法院不予保护。"涉案房屋所设抵押权人未在主债权的保护期限内行使权利，抵押权消灭。

综上所述，原告主张确认某资产管理公司对其名下涉案房屋抵押权消灭，于法有据，应予支持，被告某资产管理公司与某银行应协助原告办理抵押权涂销登记手续。依照《中华人民共和国民法总则》第一百八十八条第二款、《中华人民共和国物权法》第二百零二条、《中华人民共和国民事诉讼法》第一百四十七条、《最高人民法院关于适用〈中华人民共和国民法典〉时间效力的若干规定》第一条第二款之规定，判决如下：

一、被告某资产管理公司对原告符某名下涉案房屋不享有抵押权；

二、被告某资产管理公司与某银行自本判决生效之日起三十日内协助原告符某办理上述房屋抵押权涂销登记事宜。

判决后，双方当事人均未上诉，本判决现已生效。

【法官后语】

关于因已超过最长诉讼时效，主债权丧失胜诉权成为自然之债，抵押权是否应当消灭的问题，司法实践中抵押权人和债务人有不同认识。法院审判中要从两个方面把握：

首先，在债权人积极主动行使权利和发挥物的价值之间取得平衡。主债权是主权利，抵押权为从权利，抵押权系为担保主债权而设立，以确保抵押权人对抵押物享有优先受偿的权利；为实现上述目的，抵押权必须对抵押物产生权能上的限制；在主权利已经因诉讼时效期间经过而丧失国家强制力的保护以及抵押人不愿意承担担保责任的情形下，抵押物上所负担的抵押权也应归于消灭。如此方能更好地发挥物的效用，亦符合担保物权相关法律规定的内在逻辑。若对抵押权人行使抵押权的期限不进行限制，使超过抵押权行使期间的抵押权继续存在并维持抵押物的抵押登记，将使抵押物的归属长期处于不稳定状态，势必影响抵押物的正常使用和流转，妨害抵押人对抵押物的利用，不利于发挥抵押物的经济效用。

其次，维护社会秩序的稳定。《中华人民共和国民法典》第二百零二条规定："抵押权人应当在主债权诉讼时效期间行使抵押权；未行使的，人民法院不予保护。"物权法规定抵押权行使期间的重要目的之一在于督促抵押权人积极地行使抵押权，及时了结债权债务关系，维系社会经济秩序的稳定。如果允许抵押权人在任何时候均可行使抵押权，则意味着在主债权经过诉讼时效且债务人因此取得抗辩权之后，债权人依然可以从抵押人处受偿，将置抵押人追偿权的行使与债务人的诉讼时效抗辩于两难境地，进而将债权人（抵押权人）不积极行使权利的风险转嫁给了抵押人。让无过错的抵押人承担债权人（抵押权人）怠于行使权利的风险显然有失公允。

综上，在保护债权人合法权利的同时，也不能忽视对抵押人权益的保护，在法律已设定抵押权的行使期限后，抵押权人仍长期怠于行使权利时，法律对之也无特别加以保护的必要，应使抵押权消灭。

编写人：海南省文昌市人民法院　刘昭辰

35

自然人抵押权人设立抵押权的审慎注意义务标准

——朱某某诉於某、蒋某某民间借贷案

【案件基本信息】

1. 裁判书字号

江苏省无锡市中级人民法院（2024）苏02民终277号民事判决书

2. 案由：民间借贷纠纷

3. 当事人

原告（上诉人）：朱某某

被告（被上诉人）：於某、蒋某某

第三人：黄某甲、杨某、黄某乙

【基本案情】

2023年3月28日，於某、蒋某某向朱某某借款38万元，并以登记在於某、

蒋某某名下房屋提供抵押。同日双方办理了抵押登记手续，登记记载的被担保主债权数额为 70 万元，於某、蒋某某并向朱某某出具一份承诺书，承诺案涉房屋现有状态为空置。借款到期后，於某、蒋某某未还本付息，朱某某诉至一审法院，要求於某、蒋某某归还 38 万元借款及相应利息，并就案涉房屋经拍卖、变卖所得价款在 70 万元范围内优先受偿。

诉讼中查明，在上述抵押借款事实发生之前，於某、蒋某某于 2020 年 11 月即将案涉房屋出售给房屋中介黄某甲，黄某甲陆续支付房款，至 2021 年 7 月付清房款合计 56 万元。2022 年 7 月 16 日黄某甲又与杨某、黄某乙签订房产买卖协议将房屋以 68 万元的价格出售给杨某、黄某乙，杨某、黄某乙自 2020 年 12 月至 2022 年 10 月 27 日陆续支付房款合计 68 万元。

诉讼中，朱某某称，借款介绍人周某带其到店外面看过，周某说房屋已出租，无法进去查看。朱某某在诉讼中申请了周某出庭作证，周某称，於某需要抵押借款，通过中介找到其，其让小区的朱某某出借款项。其间，周某去看了案涉房屋，当时房门锁了，於某称钥匙在他爸爸身边、房子是他自己用的，周某就在门口看了看，门牌是对的，房门是玻璃门，其能看到里面，没有看到有什么人使用，是空置的。

诉讼中，杨某、黄某乙称，他们当时暂住在二楼，一楼大厅确实没有家具，看上去像是没有人住。法院要求杨某、黄某乙提供 2022 年 10 月 27 日至今案涉房屋水电费缴费情况以核实房屋居住情况，杨某、黄某乙先提供的一份水电费缴费清单上未反映缴款人，后提供的一份水电费缴费清单上显示缴款人系霍某某且缴款时间是 2023 年 5 月 10 日至 2024 年 2 月 4 日。

【案件焦点】

朱某某对案涉房屋是否享有抵押权。

【法院裁判要旨】

江苏省宜兴市人民法院经审理认为：关于抵押权，於某、蒋某某明知案涉房屋已经出售，仍以房屋提供抵押担保向朱某某借款，於某、蒋某某的行为违反诚信原则，杨某、黄某乙购买案涉房屋后直接占有、使用房屋，朱某某表示其仅通过介绍人查看了房屋外观，并未到房屋内进行实地查看，也未核实於某、蒋某某是否对于房屋有实际控制权，故朱某某在出借款项时未对抵押物权属进行合理审查即办理抵押登记，未尽到注意义务，应由其承担相应的不利后果。

江苏省宜兴市人民法院依照《中华人民共和国民法典》相关规定，判决：

一、於某、蒋某某向朱某某返还借款本金 38 万元及相应利息；

二、於某、蒋某某向朱某某支付律师费损失 3 万元；

三、驳回朱某某的其他诉讼请求。

朱某某不服一审判决，提出上诉。江苏省无锡市中级人民法院经审理认为：朱某某就案涉房屋享有抵押优先受偿权。理由有二：一是现有证据不能证明抵押前案涉房屋已由杨某、黄某乙实际占有、使用。虽然杨某、黄某乙向黄某甲购买房屋于 2022 年付款在案涉抵押权设立前，但其提供的证据仅能证明其在 2023 年 5 月后实际占有和使用该房屋，不能证明其在案涉抵押办理前即 2023 年 3 月 28 日前实际占有和使用该房屋，因此，一审法院以抵押登记前购房人已实际占有、使用房屋为由判决驳回朱某某要求实现抵押权的诉请，缺乏事实依据。二是朱某某已尽审慎审查义务。退一步讲，即使杨某、黄某乙在案涉抵押发生之前就已实际占有、使用房屋，但朱某某在二审中提供的证据可以证明在设定抵押前借款介绍人周某已代表朱某某到现场查看，通过玻璃门观察未发现该不动产有他人占有、使用的情况，杨某、黄某乙亦认可一楼确无他人使用迹象，在此情况下不能认定朱某某设定抵押权时存在恶意，且杨某、黄某乙交付房款后也未及时通过诉讼等方式主张权利、要求过户，因此，本案亦不应据此认定朱某某无权行使抵押权。

江苏省无锡市中级人民法院依照《中华人民共和国民法典》相关规定及《中华人民共和国民事诉讼法》第一百七十七条第一款的规定，判决：

一、维持原审判决第一项、第二项；

二、撤销原审判决第三项；

三、就判决第一项项下债权，朱某某有权与於某、蒋某某以案涉房产协议折价，或者拍卖、变卖上述房产所得价款在70万元范围内优先受偿。

【法官后语】

本案例涉及两个问题：一是房屋出售后未办理产权转移登记，出卖人将房屋抵押给第三人并办理登记的，如何认定是否构成无权处分；二是作为自然人的抵押权人在设立抵押权时，审慎注意义务的标准如何确定。

一、出卖人在出售房屋后又设立抵押权，购房人未占有房屋的，出卖人不构成无权处分

抵押人於某、蒋某某虽将案涉房屋出售，但未办理过户登记，不动产登记证书上的权利人仍为於某、蒋某某。虽购房人支付了全部购房款，但根据目前现有证据不能认定购房人实际占有、居住在案涉房屋内，购房人仅具有物权期待权，还并非真实权利人。根据《最高人民法院关于人民法院办理执行异议和复议案件若干问题的规定》第二十八条规定，买受人对登记在被执行人名下的不动产提出异议且其权利能够排除执行必须满足的四项条件中，一项重要条件是在法院查封之前已合法占有该不动产，因此，排除金钱债权执行尚需占有不动产，如未占有、使用不动产，更不能排除抵押权这一物权。本案不存在保护真实权利人和保护交易安全之间的冲突。

二、一般社会公众对于抵押物权属登记情况可能存在的风险的甄别能力低于从事金融业务的商事主体，应被赋予较低标准的审查注意义务

即使购房人已实际占有使用房屋、购房人是真实权利人，根据《最高人民法院关于适用〈中华人民共和国物权法〉若干问题的解释（一）》第十五条、第十六条规定，抵押权人应当知道出卖人无权处分的，可以认定为存在重大过失。因此，抵押权人应当知道而因自身原因未尽到相应审查义务的，将承担不利的法律后果。从事金融业务的商事主体在设立抵押时对于抵押物权属登记情况可能存在的风险的甄别能力高于一般社会公众，且银行等金融机构更是由《中华人民共和国商业银行法》等明确规定了对抵押物权属情况的审查注意义务，但一般社会公众在设立抵押时应尽到何种程度的审查义务司法实践中存在较大分歧。

一种观点认为，自然人在设立抵押时只要查看过不动产登记证书，基于公示公信的原则，自然人已经尽到了审查义务，真实权利人拖延采用诉讼形式要求过户本身存在过错，对其设立抵押时强加审慎注意义务有悖常理，对其的审查相对商事主体做宽松的认定标准。另一种观点则认为，不动产登记证书可能存在真实权利人与登记证书记载的权利人不符的情形，抵押权人有义务实地查勘抵押物占有、租赁等情形，此种预防成本是最低的，手段也是最简便的。

两种观点虽基于不同利益考量，但应予以明确的是，一般社会公众在设立抵押时应被赋予较低标准的审查注意义务，且应根据具体情况认定审查注意义务的标准。比如：一是作为经常从事个人借款业务的职业放贷人，赋予其的注意义务应较普通人高。二是作为一般社会公众的出借人，信赖房屋登记的公示公信效力则应得到必要保护，如再用严苛的条件要求普通抵押权人尽到各种注意义务则有所不妥，此时，保护交易安全、维护物权登记公信力为首位考量要件。三是如抵押人曾告知抵押权人房屋存在出租情况的，抵押权人则有义务实地查勘抵押物，但该审慎注意义务也不应过高。本案中，朱某某在设定抵押前已委托介绍人周某代表其到现场查看，通过玻璃门观察未发现房屋有他人占有、使用的情况，杨某、黄某乙亦认可一楼确无他人使用迹象，在此情况下不能认定朱某某设定抵押权时存在恶意。四是如果房屋系拆迁安置房，抵押权人应当知晓房屋作为拆迁安置房存在的权属登记和居住使用可能存在分离风险的特殊情况，但其没有查看房屋，未履行审慎注意义务。

编写人：江苏省无锡市中级人民法院　龚甜　刘英　尹慧

四、质　押

36

保证金交与担保权人后还应特定化始得认定为金钱质押

——黄某1诉黄某2执行异议之诉案

【案件基本信息】

1. 裁判书字号

福建省厦门市中级人民法院（2019）闽02民初325号民事判决书

2. 案由：执行异议之诉

3. 当事人

原告：黄某1

被告：黄某2

第三人：某银行厦门分行

【基本案情】

2015年6月17日，黄某1与某润公司签订《委托担保协议书》，约定某润公司为黄某1向某银行厦门分行申请个人经营性贷款350万元提供担保。在某润公司向债权人出具担保前，黄某1应在某润公司指定的账户内存入金额为人民币35万元的保证金，作为黄某1保证全面履行本协议各项义务的担保。作为保证金的该笔资金一旦进入上述保证金账户即视为已移交某润公司占有，并已特定化，具有担保法规定的保证金质押性质，双方不再另行签署保证金质押合同，等等。黄某 1 还提供房产及第三人连带责任作为反担保。合同签订后，黄某 1 于 2015 年 6 月 17 日向某润公司指定账户汇入相应 35 万元保证金，备注为“转账汇款担保费”，当天某润公司从该指定账户将该笔保证金转入专款专用的特定保证金账户并备注“保证金存款开户”。后，某银行厦门分行与某润公司签订《保证合同》，约定，某润公司按照保证合同约定承担担保责任。某润公司承诺，当主合同项下，债务人未按照债权人要求补足保证金时，由某润公司承担连带补足保证金的责任，等等。

后因黄某 2 申请执行生效的民事判决，本院于 2018 年 8 月 8 日冻结了被执行人某润公司在某银行的账户，致使黄某 1 无法取出 35 万元保证金。

黄某 1 因不服该执行措施向本院提出书面异议，请求中止对上述账户的执行。本院经审查后，作出（2019）闽 02 执异 27 号执行裁定书，认为冻结某润公司账户内存款并无不当，黄某 1 主张涉案被冻结的存款系其所有，缺乏证据证明，其异议请求不能成立。并裁定驳回黄某 1 的异议请求。黄某 1 不服该裁定，向本院提起诉讼。

【案件焦点】

保证金的性质。

【法院裁判要旨】

一审法院认为，根据《最高人民法院关于适用〈中华人民共和国民事诉讼法〉的解释》第三百一十一条规定，案外人或者申请执行人提起执行异议之诉的，案外人应当就其对执行标的享有足以排除强制执行的民事权益承担举证证明责任。因此，黄某 1 应对其诉求承担举证责任。黄某 1 主张依照其与某润公司的约定，作为保证金的该笔资金一旦进入上述保证金账户即视为已移交某润公司占有，并已特定化，具有担保法规定的保证金质押性质。但本院注意到，本案的保证金系某银行贷款保证金，贷款保证金一般是交与银行这一专门存款机构的，在质权人所在的银行以出质人名义开设保证金账户，存入一定数量的金钱，并使该金钱通过质权人加以冻结或内部管理等形式对其进行实际控制和占有。这一操作模式也与黄某1提交的最高人民法院公报案例相同。而本案中，黄某1将款项转入某润公司指定账户的行为虽完成了与某润公司合同约定的义务，但从账户外观看，黄某1的转账行为并未使案涉款项特定化。而是某润公司收到该笔保证金后即转入专款专用的特定保证金账户并备注“保证金存款开户”的行为使得案涉款项具备特定化保证金的权利外观。依照某银行厦门分行与某润公司签订的《保证合同》约定，某润公司亦有缴纳保证金的义务。而黄某1并未提供证据证明其另行向某银行厦门分行提交保证金。结合前述贷款保证金的定义，本院认为，该笔保证金系某润公司作为保证人向某银行厦门分行提供的保证金。该保证金的出质人系某润公司，质权人系某银行厦门分行。该保证金与黄某1无法律上的关联关系。现黄某1与某银行厦门分行的贷款到期还款后，某润公司是否应返还黄某1保证金，仍需黄某1向某润公司另行提出主张。综上所述，黄某1主张享有该账户内保证金的所有权不能成立，本院不予支持。黄某1的证据亦不足以证明就其对执行标的享有足以排除强制执行的民事权益，其诉求撤销（2019）闽02执异27号执行裁定书并对案涉款项停止执行并解除冻结缺乏事实与法律依据，本院不予支持。

福建省厦门市中级人民法院依照《中华人民共和国民事诉讼法》第二百二十七条、《最高人民法院关于适用〈中华人民共和国民事诉讼法〉的解释》第三百一十一条规定，判决：

驳回黄某1的诉讼请求。

判决后，双方当事人均未上诉，本判决现已生效。

【法官后语】

一、关于保证金性质的争论

因我国现在的法律体系并未对保证金性质作出明文规定，故理论与司法实践对此一直存有争议。综合目前的司法实践分析，保证金性质认定主要有以下几种观点：

（一）动产质押性质

该观点认为保证金系金钱，金钱系特殊动产，故以保证金为质押财产交存于指定账户、出质给债权人占有，符合动产质押的构成要件。

最高人民法院发布的第54号指导性案例（中国农业发展银行安徽省分行诉张大标、安徽长江融资担保集团有限公司执行异议之诉案）即持该观点。该案的裁判要旨确定：当事人依约为出质的金钱开立保证金专门账户，且质权人取得对该专门账户的占有控制权，符合金钱特定化和移交占有的要求，即使该账户内资金余额发生浮动，也不影响该金钱质权的设立。在裁判理由当中分析：金钱作为一种特殊的动产，可以用于质押。金钱质押作为特殊的动产质押，不同于不动产抵押和权利质押，还应当符合金钱特定化和移交债权人占有两个要件，以使金钱既不与出质人其他财产相混同，又能独立于质权人的财产。

（二）权利质押性质

在实务当中，亦有观点认为，金钱系为特别动产，持有者即为所有者的权利外观，即金钱一旦转移占有即丧失所有权。在此前提下，故而认为出质人与质权人双方之间还存在债权债务关系，双方协议约定的真实意思表示，系于特定条件下，质权人应当返还该笔保证金，故保证金性质可以认定为债权质押。

（三）让与担保性质

让与担保是指债务人或第三人为担保债务的履行，将担保物所有权转移至担保权人，债务清偿后，担保物应返还于债务人或第三人；债务不获清偿时，担保权人得就该担保物优先受偿的一种担保形式。让与担保说是在动产质押说、权利质押说基础上的折中，因金钱一旦进入质权人账户，其所有权也将转移至质权人，但因双方之间存在约定，即债务获得清偿之后，出质人得将该笔保证金取回，此行为模式符合让与担保的构成要件。

让与担保本身具有灵活性、多样性等特点，将保证金定性为一种非典型担保形式，能够克服当前法律体系下认定保证金为其他类型担保物权的障碍，而且，越来越多的学者也赞成动产让与担保的成文化。故认定保证金为让与担保在理论上和实践当中有较大的合理性；但亦有一定的局限性，即如该观点无法有效地解释企业在银行中开立保证金专户的情形，在该种情形下保证金虽然转移至银行占有，但通常保证金存入债务人名义下的账户，认定构成让与担保法理依据不足。

（四）债权债务性质

为解决前述让与担保的局限性的问题，实践当中还存在这样一种观点，即保证金账户本质仍系企业存款账户，反映的是企业与银行之间的债权债务关系。将保证金认定为银行对企业所负债务，存款人要求取回存款，其请求权基础系典型的债权履行请求权。至于双方约定的保证金条款，可以将其理解为，在反担保期间债务人不得要求银行清偿保证金债权，在担保人向银行承担担保责任后，债务人可以要求将反担保债权与保证金债权抵销。

二、本案保证金性质分析

在本案中，黄某1于2015年6月17日向某润公司指定账户（以下简称收款账户）汇入保证金，备注为“转账汇款担保费”，当天某润公司从该指定账户将该笔保证金转入专款专用的特定保证金账户（以下简称保证金专户）并备注“保证金存款开户”。也就是说本案涉及的保证金有黄某1向某润公司支付的保证金和某润公司向某银行厦门分行支付的保证金。换句话说，在本案当中，关于保证金的性质应综合分析认定其二者的差别，再逐一分析界定。

（一）黄某1向某润公司收款账户支付保证金的性质

如本案查明的事实，黄某1向某润公司指定的账户支付保证金。在此情形下，可以认定黄某1以金钱（货币）方式向某润公司提供“债的担保”，该担保如何认定，则是本案的基础问题。

首先，黄某1向某润公司的收款账户支付保证金行为所产生的法律后果，即可解释为其交存于指定账户、出质给债权人占有；亦可解释为按金钱一旦转移占有即丧失所有的基本认识，可以认定黄某1向某润公司的账户支付了保证金后，即失去了该保证金的所有权。

其次，某润公司收款账户分析。在本案中，并未有任何证据可以证明某润公司的收款账户系某润公司为黄某1开设的保证金缴存专用账户。也就是说，某润公司收到黄某1支付的保证金，不能直接将该款项特定化；不符合特定化的特点。

基于黄某1向某润公司存款账户支付保证金的行为分析，认定黄某1支付保证金行为性质为权利质押性质，较动产质押性质的法律依据充分；但因某润公司存在将保证金后转移至保证金账户的行为，故对黄某1支付保证金行为可结合某润公司的转移行为作一进步论证。

（二）某润公司收到黄某1支付的保证金后转移至保证金账户的行为性质。

如前所述，某润公司收到黄某1支付的保证金后，又将其转移至其开设的保证金专户，而该保证金专户系某润公司对某银行厦门分行提供缴存保证金作为“债的担保”的专户。也就是说，该保证金账户本质仍系某润公司的存款账户，反映的是某润公司与某银行厦门分行之间的债权债务关系。虽然该保证金符合当事人依约为出质的金钱开立保证金专门账户，且质权人取得对该专门账户的占有控制权，符合金钱特定化和移交占有的要求，即该金钱质权的设立的特征；但该金钱质权关系发生在某润公司与某银行厦门分行的法律关系之间，而非发生在黄某1与某润公司的法律关系之间。至此，某润公司转移保证金后，黄某1向某润公司支付的保证金的特定化特征完全灭失，也就是说，黄某1支付保证金行为因其缺乏特定化特征，故而无法认定为动产质押性质。

综前所述，黄某1向某润公司的收款账户支付保证金的行为性质，因其丧失特定化要素，故而不宜认定为动产质押性质。据此，其诉请排除执行，缺乏依据，于法无据。

编写人：福建省厦门市中级人民法院　许莹

图书在版编目（CIP）数据

中国法院2024年度案例．借款担保纠纷／国家法官学院，最高人民法院司法案例研究院编．—北京：中国法制出版社，2024.5

ISBN 978-7-5216-4353-4

Ⅰ.①中… Ⅱ.①国… ②最… Ⅲ.①借贷-经济纠纷-案例-汇编-中国②担保-经济纠纷-案例-汇编-中国 Ⅳ.①D920.5

中国国家版本馆CIP数据核字（2024）第054094号

策划编辑：李小草 韩璐玮（hanluwei666@163.com）
责任编辑：韩璐玮 封面设计：李宁

中国法院2024年度案例．借款担保纠纷

ZHONGGUO FAYUAN 2024 NIANDU ANLI. JIEKUAN DANBAO JIUFEN

编者/国家法官学院，最高人民法院司法案例研究院
经销/新华书店
印刷/三河市紫恒印装有限公司
开本/730毫米×1030毫米 16开 印张/11.5 字数/136千
版次/2024年5月第1版 2024年5月第1次印刷

中国法制出版社出版
书号ISBN 978-7-5216-4353-4 定价：68.00元

北京市西城区西便门西里甲16号西便门办公区
邮政编码：100053 传真：010-63141600
网址：http://www.zgfzs.com **编辑部电话：010-63141790**
市场营销部电话：010-63141612 **印务部电话：010-63141606**

（如有印装质量问题，请与本社印务部联系。）